Leben.Lieben.Arbeiten SYSTEMISCH BERATEN

Herausgegeben von
Jochen Schweitzer und
Arist von Schlippe

Angelika Eck

Sexuelle Fantasien in der Therapie

Mit 5 Abbildungen und einer Tabelle

Vandenhoeck & Ruprecht

Bibliografische Information der Deutschen Nationalbibliothek:
Die Deutsche Nationalbibliothek verzeichnet diese Publikation in der
Deutschen Nationalbibliografie; detaillierte bibliografische Daten sind
im Internet über https://dnb.de abrufbar.

Umschlagabbildung: pzAxe/shutterstock.com

Satz: SchwabScantechnik, Göttingen
Druck und Bindung: ⊕ Hubert & Co. BuchPartner, Göttingen
Printed in the EU

Vandenhoeck & Ruprecht Verlage | www.vandenhoeck-ruprecht-verlage.com

ISSN 2625-6088
ISBN 978-3-525-40846-9

Inhalt

Zu dieser Buchreihe

Die Reihe »Leben. Lieben. Arbeiten: systemisch beraten« befasst sich mit Herausforderungen menschlicher Existenz und deren Bewältigung. In ihr geht es um Themen, an denen Menschen wachsen oder zerbrechen, zueinanderfinden oder sich entzweien und bei denen Menschen sich gegenseitig unterstützen oder einander das Leben schwermachen können. Manche dieser Herausforderungen (Leben.) haben mit unserer biologischen Existenz, unserem gelebten Leben zu tun, mit Geburt und Tod, Krankheit und Gesundheit, Schicksal und Lebensführung. Andere (Lieben.) betreffen unsere intimen Beziehungen, deren Anfang und deren Ende, Liebe und Hass, Fürsorge und Vernachlässigung, Bindung und Freiheit. Wiederum andere Herausforderungen (Arbeiten.) behandeln planvolle Tätigkeiten, zumeist in Organisationen, wo es um Erwerbsarbeit und ehrenamtliche Arbeit geht, um Struktur und Chaos, um Aufstieg und Abstieg, um Freud und Leid menschlicher Zusammenarbeit in ihren vielen Facetten.

Die Bände dieser Reihe beleuchten anschaulich und kompakt derartige ausgewählte Kontexte, in denen systemische Praxis hilfreich ist. Sie richten sich an Personen, die in ihrer Beratungstätigkeit mit jeweils spezifischen Herausforderungen konfrontiert sind, können aber auch für Betroffene hilfreich sein. Sie bieten Mittel zum Verständnis von Kontexten und geben Werkzeuge zu deren Bearbeitung an die Hand. Sie sind knapp, klar und gut verständlich geschrieben, allgemeine Überlegungen werden mit konkreten Fallbeispielen veranschaulicht und mögliche Wege »vom Problem zu Lösungen« werden skizziert. Auf unter 100 Buchseiten, mit etwas Glück an einem langen Abend oder einem kurzen Wochenende zu lesen, bieten sie zu dem jeweiligen lebensweltlichen Thema einen schnellen Überblick.

Die Buchreihe schließt an unsere Lehrbücher der systemischen Therapie und Beratung an. Unsere Bücher zum systemischen Grundlagenwissen (1996/2012) und zum störungsspezifischen Wissen (2006) fanden und finden weiterhin einen großen Leserkreis. Die aktuelle Reihe erkundet nun das kontextspezifische Wissen der systemischen Beratung. Es passt zu der unendlichen Vielfalt möglicher Kontexte, in denen sich »Leben. Lieben. Arbeiten« vollzieht, dass hier praxisbezogene kritische Analysen gesellschaftlicher Rahmenbedingungen ebenso willkommen sind wie Anregungen für individuelle und für kollektive Lösungswege. Um klinisch relevante Störungen, um systemische Theoriekonzepte und um spezifische beraterische Techniken geht es in diesen Bänden (nur) insoweit, als sie zum Verständnis und zur Bearbeitung der jeweiligen Herausforderungen bedeutsam sind.

Wir laden Sie als Leserin und Leser ein, uns bei diesen Exkursionen zu begleiten.

Jochen Schweitzer und Arist von Schlippe

Vorwort

Sexualität findet auch im Kopf statt. Sexuelle Fantasien als mentale Repräsentationen sexueller Wünsche und Befürchtungen spielen eine große Rolle dabei, ob Sexualität zu einem Quell der Freude oder in unglücklichen Fällen zu einem Quell des Leides werden kann. Daher lohnt es, sexuelle Fantasien wohlwollend zu erkunden – allein, zu zweit oder mit der Hilfe einer Paartherapeutin.

»Keine Angst vor Fantasien« – das ist die Grundhaltung dieses Buchs. Angst entsteht, wenn sexuelle Fantasien negativ erlebt oder zumindest negativ bewertet werden (»Bin ich noch normal, wenn ich mir so was vorstelle?«). Zur Linderung solcher Ängste bietet die Autorin zunächst repräsentative Statistiken aus Kanada als eine Art normalisierender »Erster Hilfe« an. Sehr viele sexuelle Fantasien sind »politisch inkorrekt«, das heißt, die Fantasierenden entwickeln und genießen sie, möchten sie aber keineswegs in die Wirklichkeit umgesetzt sehen, weder für sich selbst noch für andere.

Angelika Eck ladt zu einer Erkundungsreise der Fantasien ein. Zur Orientierung auf dieser Reise dient ein »Fantasiekompass«. Der kann helfen, sexuelle Fantasien daraufhin zu prüfen, ob sie als »ich-zugehörig« oder als »ich-fremd« erlebt werden, ob sie »unter Kontrolle« sind oder man sich ihnen schutzlos ausgeliefert fühlt, ob jemand rigide immer mit denselben oder flexibel mit unterschiedlichen Fantasien unterwegs ist und ob die Fantasien für Wünsche gehalten und ausgelebt werden wollen oder gerade nicht.

Fantasien sind innere Theaterstücke, Filme im Kopfkino. Sie folgen einer Dramaturgie. Oft beginnen sie mit einer Ausgangssituation, die in der Wirklichkeit als bedrohlich oder voller Hindernisse erlebt werden würde. In der Fantasie gelingt es dann, diese Hindernisse zu überwinden und aus Leid Lust werden zu lassen: Schüchterne treten ins Rampenlicht; Gedemütigte werden dominant; Traumatisierte nehmen Rache; zwanghaft Aktive überlassen sich dem, was geschieht. Zugleich beeinflussen Fantasien und körperliche Vorgänge einander: Andere Fantasien ermöglichen andere Körpererlebnisse; andere Körpererlebnisse und Körperhaltungen fördern andere Fantasien.

Mit solchen »Landkarten«, »Fantasiekompässen«, mit einer Haltung wohlwollender Neugier und mit einem breiten Methodenrepertoire beschreibt Angelika Eck, wie sie sowohl Einzelne wie auch vorwiegend Paare dabei unterstützt, die eigenen Fantasien zu erkunden (auch und gerade dann, wenn sie vermeintlich gar keine haben, sondern solche erst aufzuspüren beginnen) und als hilfreiche Informanten für die eigene Lebens- und Sexualpraxis zu nutzen.

Es ist leicht, sich von diesem Buch faszinieren zu lassen. Es ist ein elegant geschriebenes Buch, verfasst von einer renommierten Sexualtherapeutin in ihrem ganz eigenen, unverwechselbaren und angenehmen Stil. Die Autorin schreibt sanft über harten Sex und herausfordernd über kuschelige Regression. Ihre Fallgeschichten sind kurz, aber glasklar. Hochemotionale Prozesse beleuchtet sie mit kühler Theorie, und herzlich anteilnehmend befasst sie sich mit Menschen, denen sexuelle Emotionalität abhandengekommen scheint. Sexuelle Fantasien werden sachlich und ohne Voyeurismus als ein möglicher Schlüssel zu einer Bandbreite von Themen betrachtet. Sie bieten Zugang zur Erotik einer Person und damit der Person zu sich selbst. Sie legen tiefere Wünsche und Bedürfnisse offen: Emanzipation, Dominanz, aber auch partnerschaftliche Intimität, die Sehnsucht nach Halt oder Herausforderung etc. können sich in sexuellen Fantasien ausdrücken und auf Lebensthemen verweisen. »Keine Angst vor Fantasien« – Die Grundhaltung dieses Buchs gilt nicht nur für Klienten und Klientinnen, sondern auch für Therapeutinnen und Therapeuten.

Jochen Schweitzer

Vorbemerkung

Die in diesem Buch zur Sprache kommenden Fall- und Fantasiebeispiele wurden anonymisiert und in einigen Aspekten verändert. Sie wurden entweder von Klientinnen und Klienten freigegeben, von Kolleginnen und Kollegen beigesteuert oder von mir aus Elementen mehrerer Fälle so zusammengefügt, dass sie keinen Rückschluss auf eine Person oder eine bestimmte therapeutische Situation erlauben. Allen Beitragenden danke ich sehr herzlich. In der Regel sieze ich meine Klientinnen und Klienten. Die Fallbeispiele habe ich zum angenehmeren Lesen mit erfundenen Vornamen besetzt. Aus demselben Grund wechsle ich frei zwischen Geschlechtsbezeichnungen im Text. Mein Dank für die Unterstützung bei der Verfassung dieses Textes gilt Dirk Bechler, Ulrich Clement, Valeria Madrid, Julika Zwack und in besonderem Maß Mirko Zwack.

Der Kontext

1 Sexuelle Fantasien im Fokus der Therapie

Carla: »Ich stelle mir vor, von einem Begleiter in einen speziellen Klub entführt zu werden. Ich war dort noch nie. Mein Begleiter, zu dem ich vollstes Vertrauen habe, weiß, was ich brauche, und kennt mich sehr gut. Er kann mich lesen und lenkt mich mit seinen Blicken. Er gibt mir vor, was ich zu tun habe. Es ist dort sehr exklusiv, alle sind maskiert und aufreizend gekleidet, es wird wenig geredet. Vieles wird nur durch Blickkontakt geregelt. Es gibt einen großen Saal, in dem sich alle treffen. Mein Begleiter gibt mir ein Zeichen, wen ich mir aussuchen soll. Er flüstert mir ins Ohr, was ich zu tun habe. Ich soll dem Ausgewählten gefügig sein, wie er es möchte, soll ihn mit allen Künsten verführen, verrückt machen und mir nehmen, was ich brauche. Im Anschluss werde ich von meinem Begleiter belohnt, indem ich von ihm befriedigt werde, so wie ich es brauche. Wir sind im Blickkontakt ganz eng beieinander. Es ist nicht nur das körperliche Verschmelzen, sondern durch den tiefen Blick auch eine mentale Nähe und Verbundenheit, die mich ausfüllt und mir Befriedigung gibt. Ein Höhepunkt jagt dabei den anderen. Wir verbringen die ganze Nacht dort. Erst in den Morgenstunden werde ich mit einem sehr wohligen Gefühl und vollkommen ausgeglichen nach Hause gebracht. Ich zehre lange davon.«

Stellen Sie sich vor, eine Klientin erzählt Ihnen im Rahmen der Therapie aus plausiblen Gründen diese sexuelle Fantasie. Wie reagieren Sie innerlich darauf? Welche Gedanken stellen sich ein? Welche automatischen emotionalen und körperlichen Reaktionen bemerken Sie bei sich? Welche Fragen entstehen? Welche Bewertungen? Was befremdet Sie vielleicht? Was macht Sie neugierig? In welchem therapeutischen Zusammenhang könnte diese Fantasie relevant sein?

Therapie bei Fragen der Sexualität ist an sich schon ein intimes Unterfangen. Auch wenn die Psychoanalyse sexueller Symbolik traditionell einen großen Stellenwert in der Therapie beigemessen hat – sie in der Psychotherapie oder Paarberatung explizit zum Thema zu machen, ist für viele Therapeuten und Klienten keineswegs einfach oder selbstverständlich (zum Verhältnis von Psychoanalyse und Sexualwissenschaft s. Clement, 1993). Und dann noch über sexuelle Fantasien sprechen? Wozu? Ganz einfach: Seien es Schwierigkeiten im Zusammenhang mit sexuellen Funktionen, Pornokonsum, der Sexualpräferenz, Affären, Differenzen im sexuellen Begehren – überall begegnen wir Vorstellungen von Sexualität. Sexualität ist ohne mentale Repräsentation nur ein körperliches Reizgeschehen. Erst die Aufladung mit Vorstellungen, Bildern, Sehnsüchten macht sie bedeutungsvoll. Und genau mit diesen Bedeutungen haben wir es im Schönen wie im Schrecklichen in der Erotik zu tun. Sexuelle Fantasien bieten einen sehr direkten Zugang zur Erotik der Person und damit der Person zu sich selbst. Dabei gilt: Fantasien sind erotische Wirklichkeitskonstruktionen, deren Bedeutungen ganz allein ihre Schöpfer genau ermessen und bestimmen können – in ihrem jeweiligen Lebenskontext –, Bedeutungen, die es also nicht zu deuten, sondern von und mit den Klienten zu entdecken gilt. Gegenstand dieses Buchs ist nicht die Arbeit mit Fantasien im Zusammenhang mit strafbarem normabweichendem Sexualverhalten wie z. B. Pädosexualität, wohl aber mit Fällen, in denen Fantasien als bedrückend, unkontrollierbar oder beängstigend erlebt werden. Ich erlaube mir in diesem Buch einen Zugang zur Arbeit mit Fantasien, der lose mit klinischen Kategorien verknüpft ist, sich insgesamt aber an einem breiteren Spektrum konkreter individueller und paarbezogener Konflikte und Fragestellungen der Beratung orientiert.

Dieser Text vertritt selbstverständlich keinen Beratungsansatz, der ausschließlich über den Zugang zu sexuellen Fantasien arbeitet.

Immer und in jedem der vorgestellten Fallbeispiele ist die Arbeit mit Fantasien im Bereich der Erotik nur einer von vielen Schwerpunkten, d. h., die Fantasiearbeit ist vielleicht Anlass oder Vehikel für einen Abschnitt der Therapie, kann mehr oder weniger Raum einnehmen und wird immer eingebettet in einen größeren Kontext. Die Fantasie ist *ein* Fenster, durch das eine große Bandbreite von Themen zugänglich gemacht werden kann – ein ganz besonders wertvolles allerdings. Weil Menschen häufiger, als sie darüber reden, von ihrem Fantasieleben beeinflusst sind, sich dessen oft schämen, und weil dieser Zugang zur Person vieles bereithält, möchte ich dazu ermutigen, in der Therapie den Raum dafür zu öffnen. Ich selbst arbeite als Sexualtherapeutin und werde daher oft gezielt zur Bearbeitung sexueller Probleme aufgesucht. Da Sexualität für die meisten Menschen einen zentralen Lebensbereich darstellt, benötigt sie zumindest die Option auf Besprechung in der psychotherapeutischen und in der Paartherapiepraxis. Beim Thema Sexualität kommen wir als Therapeuten manchmal schneller und stärker, als uns lieb ist, mit unseren eigenen Belangen in Kontakt. Hierin liegt ein wertvolles Potenzial für die eigene Entwicklung. Es könnte daher spannend sein, das Buch auch als therapeutische Selbstreflexions- oder sogar Selbsterfahrungsgelegenheit zu nutzen.

1.1 Sexuelle Fantasien als mentale Repräsentation

Was sind sexuelle Fantasien? Diese Frage ist nicht nur theoretisch, sondern für unsere Klientinnen auch höchst praktisch relevant, weil sie für sich keinen Begriff haben (»Ich glaube, ich habe gar keine Fantasie – oder?«) oder sich um die Definition mit dem Partner bereits Konflikte gebildet haben (»Du sagst, der Chat sei nur Fantasie – aber das ist doch Sex!«).

Fantasien sind mentale Repräsentationen. Sexuelle Fantasien sind mentale Repräsentationen mit erotischem Bedeutungsgehalt (Toates, 2014). Die zugehörige Fähigkeit lässt sich mit dem wunderbaren Begriff der *Einbildungskraft* bezeichnen. Innere Bilder, aber auch die Repräsentation von Gerüchen, Geräuschen und Berührungsempfindungen zählen dazu, je nachdem, welche Sinneskanäle besonders empfänglich sind. In der Praxis begegnen wir Menschen mit unterschiedlich ausgeprägten Fähigkeiten zur mentalen Repräsentation und auch unterschiedlicher Suggestibilität. Nicht für alle sind visuelle Fantasien gleich zugänglich oder gar nützlich. Dieser Umstand ist zu unterscheiden von der Idee mancher Klienten, dass sie keine Fantasien hätten oder keine inneren Bilder sehen könnten. Meist handelt es sich dann um negative Bewertungsprozesse oder eng gefasste Erwartungen, die die Fantasiebildung hemmen und verflüssigt werden können, indem sie infrage gestellt und andere Erfahrungen ermöglicht werden (s. Kapitel 3).

Fantasien können in unterschiedlicher Gestalt daherkommen: als Tagträume, als nächtliche Träume. Sie können aus elaborierten Skripten bestehen, aus flüchtigen Bildern oder Bildfragmenten, ebenso aus der Repräsentation von Körpervorgängen beim Sex. Unbedingt dazu zählen Erinnerungen. Pornografie kann in schriftlicher, auditiver oder visueller Darreichungsform als »gestützte« Fantasie angesehen werden.

Für die Therapie ist meines Erachtens ein möglichst weit gefasster Fantasiebegriff nützlich, weil alle Quellen relevantes Material erbringen und die Repräsentationen der Klienten in jeder Form als wertvoll konnotiert werden können.

Sexuelle Fantasien sind von vielfältigem Nutzen. Sie fördern und intensivieren die Qualität sexuellen Erlebens und Verhaltens. Fantasien können körperliche Erregung auslösen und intensivieren. Sie versetzen den Organismus in einen Als-ob-Zustand. Die Wiederholung bestimmter Fantasien stabilisiert Erregungspfade. Als spezifische Wirklichkeitskonstruktionen können sie mühelos Mängel der Realität kompensieren, z. B. den Partner oder die Partnerin knackiger repräsentieren, als er oder sie ist. Fantasien können die sexuelle Routine kreativ beleben und dabei helfen, Erregung in reizärmeren Situationen aufrechtzuerhalten. Sie können Trost spenden oder eine Flucht aus unbefriedigenden sexuellen und anderen Situationen ermöglichen. Genuss kann genau auf die eigenen Bedürfnisse zugeschnitten werden und diese nähren. Sexuelle Erregung wird dabei mit elementaren Gefühlen und Bedürfnissen, Spannung und Risiko verknüpft. Sie bilden einen inneren Raum der Intimität mit sich selbst im geschützten Rahmen und oft einen wohlgehüteten oder sogar geheimen Schatz. Einige dieser Funktionen von Fantasien werden im Verlauf dieses Textes näher betrachtet.

1.2 Was ist normal? – Häufigkeit und Inhalte sexueller Fantasien

Bei sexuellen Fragen in der therapeutischen Praxis kommen nahezu immer, direkt oder indirekt, die Fragen mit zur Tür herein: »*Bin ich sexuell unnormal, ist mein Partner normal, sind wir normal, welches sexuelle Wollen und Tun ist normal?*«

Zu historisch und kulturell geformter Scham und Schuldgefühlen im Zusammenhang mit der Sexualität tritt im aktuellen Zeitgeist zusätzliche Verunsicherung hinzu durch die Diskrepanz zwischen medial vermittelten Ideen darüber, wie Sexualität zu sein hätte, und dem privaten Erleben sowie durch die Suggestion, dass alles möglich sei und man nur zu wählen brauche. Normbezüge zu relativieren, flexibler zu machen, spielt in Therapie eine große Rolle. In der Sexualtherapie und insbesondere im Hinblick auf die eigenen Fantasien ist dies erst recht bedeutsam. Auch wenn es in erster Linie darum geht, dass Menschen ihre Individualität bejahen, ob sie nun zu einer Mehr- oder Minderheit gehören, können wissenschaftliche Erkenntnisse darüber, was »normal« ist, im Bereich der Fantasien Menschen darin unterstützen, dass sie milder auf sich blicken oder sich weniger isoliert erleben.

Was ist normal?

Die Forschung ist sich einig: Freuds These, dass nur in ihrem Sexualleben unbefriedigte Menschen sexuelle Fantasien ausbilden würden, wurde inzwischen empirisch widerlegt. Menschen mit einem ausgeprägten sexuellen Fantasieleben genießen ihre Sexualität mehr und sind sexuell aktiver – und umgekehrt (Leitenberg u. Henning, 1995; Maltz u. Boss, 2008; Joyal, Cossette u. Lapierre, 2014). Die meisten Menschen hegen sexuelle Fantasien, das ist also – rein statistisch gesehen – normal. Männer scheinen im Mittel öfter als Frauen zu fantasieren und es ist ihnen auch wichtiger (Leitenberg u. Henning, 1995).

Was wird fantasiert?

In einer bevölkerungsbasierten repräsentativen kanadischen Studie interessierten Joyal et al. (2014) sich für die Frage: Was genau ist – statistisch gesehen – eine ungewöhnliche sexuelle Fantasie? Von insgesamt 55 vorgegebenen und zusätzlich frei nennbaren Themen wurden nur zwei Fantasiethemen statistisch selten, d. h. von 2,3 % oder weniger Befragten genannt: Sex mit Kindern unter 12 Jahren und Sex mit Tieren. Neun ungewöhnliche, d. h. von 15,9 % der Befragten oder weniger fantasierte Themen wurden klassifiziert. Bei den Frauen waren diese: von jemandem angepinkelt zu werden, Kleider des anderen Geschlechts zu tragen, jemanden zum Sex zu zwingen, eine wehrlose Person zu missbrauchen, Sex mit einer Prostituierten zu haben, Sex mit einer Frau mit sehr kleinen Brüsten zu haben. Bei Männern galten als ungewöhnliche Fantasien: auf die Partnerin/den Partner zu urinieren oder umgekehrt, Sex mit zwei anderen Männern, Sex mit mehr als drei anderen Männern zu haben. Für Frauen wurden 23, für Männer 11 Fantasiethemen als häufig eingestuft (d. h. von 50 % oder mehr der Befragten genannt). Eine Mehrheit von Frauen (und eine nur wenig kleinere Mehrheit von Männern) gab an, sich regelmäßig vorzustellen, dominiert, festgeschnürt, geschlagen oder zum Sex gezwungen zu werden. Diese Fantasien korrelierten positiv mit Fantasien, selbst dominant zu agieren. Weitere häufige Themen waren sexuelle Begegnungen mit jemandem, der nicht der Partner ist (häufiger bei Männern als bei Frauen), Sex mit zwei Männern (bei Frauen), gleichgeschlechtliche Sexualität (häufiger bei Frauen), Analverkehr (häufiger bei Männern als bei Frauen) und voyeuristische Fantasien. Fünf Top-Fantasiethemen, die von über 84 % der Befragten fantasiert wurden und ihnen wichtig waren: Sex verbunden mit romantischen Gefühlen, Sex in besonderer Atmosphäre, an besonderem Ort, Oralsex empfangen, Sex mit zwei Frauen (bei Männern).

Die Ergebnisse der Studie sind als Hintergrundfolie für die Therapie gut einzusetzen, denn sie bestätigen nicht nur aufs Neue, dass die meisten Menschen sexuell fantasieren und diejenigen, die es ausgeprägter und in größerer Bandbreite tun, sexuell zufriedener und aktiver sind, sondern stellen vor allem heraus: Eine breite Masse von Menschen fantasiert offenbar Inhalte, die zum Teil als politisch inkorrekt und ethisch fragwürdig anzusehen sind, die im realen Leben vertretenen Werthaltungen widersprechen und sich rein thematisch in der Nähe dessen bewegen, was klinisch als Störungen der Sexualpräferenz bezeichnet wurde (z. B. Voyeurismus, Sadomasochismus, Exhibitionismus etc.). Solche Fantasien zu hegen ist, wenn wir eine statistische Normalverteilung betrachten, also normal und nicht normabweichend (vgl. auch Ahlers et al., 2011).

Befürchtungen und negative Selbstbewertungen von Klienten können mithilfe dieser Befunde generell entkräftet werden. Im Einzelfall gilt es, genauer hinzusehen. Die Studienergebnisse unterstreichen zudem klar die Unterscheidung von Fantasie und Verhalten – Menschen fantasieren über sehr viele Dinge, die sie real nicht wünschen oder praktizieren. Nicht die Fantasieinhalte, sondern ihre Folgen entscheiden darüber, was als gefährlich, krankhaft normabweichend oder strafbar zu gelten hat. Sowohl Leidensdruck mit der Fantasie oder aber Leidensdruck, der durch das Ausagieren entsteht, ist problematisch, nicht die Fantasie selbst. Ein weiteres Beispiel dafür sind Fantasien mit gewaltsamer Überwältigung, die viele Frauen erregend finden, ohne dass sie im echten Leben einen Übergriff erleben möchten (z. B. Critelli u. Bivona, 2008).

Was für das Kopfkino gilt, spiegelt sich auch im Konsum vorgefertigter Fantasieplots der Pornografie: Es existieren unzählige Genres, die massenkonsensfähige Skripte darbieten, unter ihnen jede Menge politisch inkorrekter Sujets, von einer Mehrzahl der Erwachsenen, vor allem Männern, genutzt (für einen Überblick s. z. B. Melzer, 2018). Nur weil Pornografiegebrauch zu den Massenphänomenen zählt, bedeutet dies nicht, dass die Pornoindustrie nicht kritisch zu sehen ist im Hinblick auf die Ausbeutung von Frauen und die Eskalation hin zu immer extremeren Formaten. Gleichzeitig entstanden in den letzten Jahren immer mehr Pornofilme von Frauen, die sich an neue Plots, Darstellungsformen, Figuren und Kameraperspektiven heranwagten und Frauen und Männer als Zielgruppe bedienen wollen. Einige Regisseurinnen erhielten den *feminist porn award*. Die schwedische Regisseurin Erika Lust (https://erikalust.com) verfilmt seit einiger Zeit Fantasien, die Menschen ihr erzählen oder schreiben, und brachte auch einen Film über ein altes Paar heraus, der zeigt, wie es ganz ohne Erektion des Mannes höchst lustvollen Sex miteinander hat. Das kommt etwas pädagogisch daher, könnte man denken, aber das gilt für die Pornografie insgesamt: Auch Jugendliche schauen dort, »wie es geht«, und müssen einen Weg finden, die Einflüsse von Bildern mit eigenen Erfahrungen zu integrieren, was vielen gut (Schmidt, 2009), manchen weniger gut gelingt.

1.3 Entwicklung der sexuellen Fantasietätigkeit

Eine Frage, die im Zusammenhang mit sexuellen Einflüssen auf Jugendliche interessant ist, aber auch unsere erwachsenen Klienten und Paare unmittelbar betrifft, ist: Wie entwickeln sich bestimmte Fantasievorlieben und -gewohnheiten, und wie veränderbar sind sie?

Interdisziplinär scheint Einigkeit darüber zu bestehen, dass frühe emotionale und körperliche Erfahrungen die individuelle Art des Begehrens und was eine Person sexuell anziehend findet, entscheidend prägen. Der Sexualwissenschaftler Gunter Schmidt formuliert, »[…] dass sich die Struktur des individuellen sexuellen Verlangens in Kindheit und Vorpubertät formiert – weitgehend durch Erfahrungen in nichtsexuellen Bereichen, durch unsere frühe Beziehungs-, Geschlechter-, Körper- und Bedürfnisgeschichte – und dass die *Blaupause des Begehrens* in der Pubertät sexualisiert wird, sexuell Gestalt annimmt« (Schmidt, 2009, S. 149, Herv. i. O.). Auf der Körperebene können außerdem unerwartete erste sexuelle Empfindungen und insbesondere ihre Kopplung mit den auslösenden Reizen oder der Situation prägend sein. Somit ist anzunehmen, dass die erotische Struktur auf frühe Wurzeln zurückgreift und bis zum Erreichen des Erwachsenenalters im Wesentlichen festgelegt ist (Beier, Bosinski u. Loewit, 2005), dass sich unsere *lovemap* (Money, 1986) aber lebenslang aufgrund neuer Erfahrungen und neu entstehender Bedürfnisse weiter fortschreibt. Unsere Klientinnen kommen oft zu uns, weil sie etwas verändern möchten und gleichzeitig befürchten, dass dies nicht möglich sein könnte. Die Therapie bewegt sich also hier wie auch sonst in einem Spannungsfeld zwischen Stabilität und Plastizität und damit konkret: im Verstehen, der Integration dessen, was eine Person als prägend erlebt hat und ihr Selbsterleben, ihre Sexualpräferenz wesentlich ausmacht, einerseits, und andererseits dem, was sie verändern muss, möchte, kann.

1.4 Zu wenig, zu viele oder die falschen? Anlässe für therapeutische Arbeit mit sexuellen Fantasien

Solange Menschen sich als Regisseure ihrer Fantasien erleben und ihre Häufigkeit, Dauer und Qualität gefühlt selbst bestimmen, werden sie kaum Leidensdruck berichten. Nicht die An- oder Abwesenheit einer Fantasie an sich ist ein Problem, sondern wofür sie steht, wie sie bewertet wird und wozu sie führt. Wie bei anderen Problembeschreibungen gibt es ein Zuwenig und ein Zuviel in Quantität oder Qualität. Die Fantasie kann als »falsch«, z. B. moralisch verwerflich, bedrohlich oder fremdartig bewertet werden. Diese Bewertung kann von der Person selbst stammen oder von relevanten anderen, meistens dem Partner oder der Partnerin. Sie kann durchaus auch vom Therapeuten kommen. Insbesondere bei sexuellen Anliegen und nochmals stärker beim Intimthema der Fantasien müssen wir prüfen, welche Bewertungen wir selbst vornehmen, wie es um unsere therapeutische Neutralität bestellt ist und wann Neutralität mehr oder weniger nützlich ist. In allen Konfliktlagen ist mit Veränderungsambivalenz der Klienten zu rechnen. Auf der Paarebene betrifft diese die Risiken der Paarentwicklung bzw. Fragen der Differenzierung der Partner (vgl. Schnarch, 1992; Clement, 2004) und damit die Frage: Wer sind wir füreinander, wenn du dich an diesem Punkt nicht verändern wirst oder *wenn* du dich verändern wirst?

Im Bereich der eigenen Sexualität sind die meisten von uns Beraterinnen an der einen oder anderen Stelle oder in bestimmten Lebensphasen verletzlich. Einige leben diesbezüglich selbst im Mangel oder in einem Gefühl der Unzulänglichkeit. Andere ringen mit geheimen Leidenschaften, die ihnen die Klientinnen wie einen Spiegel vorhalten.

Anlass: Zu wenig Fantasien

»Du bist ja total fantasielos!« So etwas über sich zu hören, kommt einem vernichtenden Urteil gleich. Fantasielos zu sein heißt, keine Vorstellungen davon zu haben, wie etwas gestaltet werden könnte, und langweilig zu sein. In dieser Abwertung und mit dem Gefühl, unzulänglich, weil sexuell nicht erfinderisch genug zu sein, betreten nicht wenige Klientinnen die Praxis.

Fantasiemangel wird meist im Kontext geringer oder fehlender Lust auf oder Interesse an Sex thematisiert. Im Diagnostischen und Statistischen Manual Psychischer Störungen DSM-5 (American Psychiatric Association, 2013) wird die Abwesenheit sexueller Gedanken und Fantasien als ein Kriterium für *sexual interest and arousal disorder* (bei der Frau) und für *male hyposexual desire disorder* (beim Mann) geführt. Dies entspricht auch den Zustandsbeschreibungen vieler Klienten. Es bleibt diskussionswürdig, inwiefern es (keinen) Sinn ergibt, einem Mangel an sexuellem Verlangen Krankheitswert zuzuschreiben (vgl. Eck, 2014, 2018). In der Praxis ist dies wiederum mit einer kontextabhängigen Bewertung verbunden, z. B. mit der Idee, im Lebenslauf etwas verpasst zu haben und endlich »auch mal ein Stück vom Kuchen« haben zu wollen, wie es eine ältere Klientin mit nahezu sexloser Biografie ausdrückte. Viel häufiger realisiert sich die Mangelbewertung aber innerhalb der Partnerschaft als Konflikt, bei dem sich ein Partner aufgrund einer »Mangelproduktion« an sexuellen Gedanken und sexuellem Begehren vom anderen unter

Druck gesetzt, in seiner sexuellen Neugier und seinem Verlangen gebremst und alleingelassen fühlt. Der therapeutische Umgang mit Aspekten des Zuwenig an Fantasien wird in Kapitel 3 aufgegriffen.

Anlass: Zu viele Fantasien

»Nymphoman ist jemand, der mehr Sex will als man selbst« – mit dieser ironischen Bemerkung hat bereits der berühmte Sexualforscher Alfred Kinsey (1953, zit. n. White, 2002) die Schwierigkeit benannt, festzulegen, was ein Normalmaß sexuellen Begehrens sein soll. Es ist schlicht unmöglich. Das bedeutet allerdings nicht, dass es nicht dennoch versucht wird. Mit dem Blick auf ein Zuviel an Fantasien öffnet sich damit automatisch das viel diskutierte Feld der Hypersexualität, denn ein objektives Zuviel an Fantasietätigkeit kann genauso wenig festgelegt werden. Wissenschaftlich und klinisch ist die Diskussion um Kategorien des Zuviel wie z. B. »Sexsucht« in vollem Gang. Für Autoren wie z. B. Roth (2018) liegt es nahe, an sexuelles Verhalten ähnliche Kriterien anzulegen wie an substanzgebundene Süchte und andere Verhaltenssüchte. Wie bei Substanzabhängigkeit berichten Klienten manchmal, immer höhere Dosen – permanentes Kopfkino, stärkere Pornos, häufigere Masturbation, hochfrequentere sexuelle Begegnungen – zu benötigen, um noch sexuell entladen zu können, ohne sich dabei aber emotional befriedigt zu erleben. Dieselben oder andere Personen berichten, dass ihr Pornokonsum zeitlich überhandnimmt und nicht mehr kontrollierbar erscheint. Partner und Arbeitsplätze gehen verloren. Andere erleben sich als von bestimmten sexuellen Gedanken »heimgesucht« und erleben diese als nicht steuerbar, oder sie befürchten, sie könnten eine Fantasie mit riskantem Inhalt »wider Willen« in die Tat umsetzen.

Viele dieser Beschreibungen legen den Suchtbegriff nahe. Andere Autoren (z. B. Ley, 2012) hinterfragen dieses Label allerdings und unterstreichen, dass sexuelles Verhalten komplexer sei und auch hirnphysiologisch anders ablaufe, sodass keineswegs einfache Parallelen zu klassischen Süchten gezogen werden könnten. Weder Forschung noch Klinik könnten »normales« und »süchtiges« sexuelles Verhalten gesichert voneinander abgrenzen, und die Klientinnen hätten außer einer Stigmatisierung nicht viel von diesen Zuschreibungen (Ley, 2012). Das Argument, süchtig sei sexuelles Verhalten, wenn es benutzt werde, um negative Gefühle (Langeweile, Traurigkeit etc.) zu dämpfen oder zu regulieren, wird entkräftet mit der Ansicht, dass es sich dabei prinzipiell um funktionale Mechanismen handle, die von sehr vielen Menschen praktiziert würden. Moralische und kulturell gebundene Bewertungen seien zu tief in diese Lesart hineingewoben. Kafka (2010) weist darauf hin, dass das für die Person selbst oder andere leidvolle Zuviel bezüglich Fantasien, Pornokonsum, Masturbation und Sex mit anderen sich je nach Perspektive mit Kategorien von Zwang, fehlender Impulskontrolle, Manie oder Sucht beschreiben lasse. Er spricht sich daher für die weiter gefasste Kategorie der Hypersexualität aus. Die Diagnose Hypersexualität wurde allerdings nicht ins DSM-5 aufgenommen.

Wer setzt das Kriterium für ein Zuviel? Und woher kommt der Leidensdruck? Weil das Verhalten zu viel ist oder weil die Person oder andere es so bewerten? Konzeptübergreifend zeigen sich Parallelen in der Lesart zahlreicher »zu-viele«-Problembeschreibungen: Eine Verselbstständigung der Fantasiedynamik einhergehend mit Kontrollverlust und die Hypothese, dass über die repetitive, exzessive Beschäftigung mit Sex negative unterliegende Emotionen reguliert oder dissoziiert werden, eventuell keine Befriedigung erlebt wird sowie im relevanten Kontext negativ bewertete Folgen für Selbst und/oder andere entstehen.

Auf der Paarebene geht es erneut um den Umgang mit dem Konflikt um unterschiedliche Bewertungen. Zu den häufigsten Konflikten eines Zuviel zählt der Streit um die Häufigkeit sexueller Internetaktivität eines Partners. Die diesbezüglich am häufigsten erwartbare (heterosexuelle) Paardynamik beinhaltet das Herunterspielen des Ausmaßes aufseiten des »Symptomträgers« – meist des Mannes – und die sorgenvolle bis anklagende Position aufseiten der Partnerin. Der Konflikt kann unterschiedlich gelagert sein je nach Kontext, d. h., je nachdem, wie die Partnerschaft und die gemeinsame Sexualität qualitativ und quantitativ erlebt werden, nach Unterschiedstoleranz der Partner und nach Ausmaß der subjektiven Kontrollierbarkeit des Pornokonsums oder der fantasiegeleiteten Masturbation. Ein praktisches Beispiel zur therapeutischen Arbeit mit dieser Thematik findet sich in Kapitel 3.

Anlass: Die falschen Fantasien

Was soll an sexuellen Fantasien falsch sein? Falsch ist, ähnlich wie zu viel oder zu wenig, Ausdruck einer Bewertung, die jemand vornehmen muss. Klinisch falsch im Sinne von krankhaft normabweichend gelten zunächst keine Fantasieinhalte (vgl. Kapitel 1.2), sondern ihre negativen Folgen für das Selbst und andere sowie sexuelle Fantasien und Verhaltensweisen, die als Störungen der Sexualpräferenz bezeichnet werden (wie bereits erwähnt), die ebenfalls nur klinisch relevant sind, wenn sie negative Folgen und Leidensdruck oder Gefahren für Selbst und/oder andere mit sich bringen (für einen differenzierten Überblick zu Störungen und Akzentuierungen der Sexualpräferenz z. B. Jabat u. Briken, 2017). Nur weil Fantasieinhalte an sich keinen Krankheitswert zugeschrieben bekommen, bedeutet dies nicht, dass sie keinen Leidensdruck verursachen können oder als falsch erlebt werden.

Leidensdruck könnte in einer moralischen Bewertung von Fantasieinhalten liegen: »So etwas sollte ich bzw. mein Partner nicht denken« oder »Ich darf während des Koitus nicht an andere Personen denken.« Er kann aus einer Bewertung erwachsen, die sich in der negativen Auswirkung einer Fantasie begründet, z. B. dass die Person ohne sie nicht zu Erregung kommen kann, dass sie den sexuellen

Kontakt zum Partner stört oder zu bestimmten Interaktionen ohne dessen Zustimmung führt, dass sie die Fantasieinhaberin ängstigt oder anderweitig emotional belastet. Oder dass die Person fürchtet, die Fantasie könnte zur Intention und die Intention zum Verhalten werden, das negative Folgen hätte. Großer Leidensdruck kann entstehen, wenn die für Erregung notwendige Fantasie als unangenehm erlebt wird, d. h. als moralisch verwerflich, ekelerregend etc. Manchmal, nicht immer, kann es sich um eine Verquickung der Erregung mit früheren Erfahrungen sexueller, allgemein körperlicher und seelischer Gewalt handeln. Auch hierzu finden sich therapeutische Herangehensweisen in Kapitel 3 dieses Buchs.

Die Unterscheidung therapeutischer Anlässe nach den individuellen oder dyadischen Konflikten, zu wenig, zu viele oder die falschen sexuellen Fantasien zu haben, bietet für Therapeuten eine Erstorientierung im Hinblick auf mögliche Anliegen, Ziele und Aufträge sowie Hypothesen und Interventionsrichtungen seitens der Klienten.

Sexuelle Fantasien als Vehikel der Therapie bei anderen Anlässen

Manchmal liegen keine Konflikte der genannten Arten mit Fantasien vor. Dann sind sie auch nicht Anlass für die Therapie, sondern sie bieten sich als Fokus im Zusammenhang mit anderen Anliegen an, weil sie z. B. einen Konflikt oder eine Sehnsucht wie auf einer Bühne verdichten und Transfer ermöglichen. Wir kommen darauf im Zusammenhang mit Carlas Fantasie vom Beginn des Buchs noch einmal zurück. Ihr fiel es schwer, sich aus einer besonderen Beziehung zu lösen und diese zu verarbeiten. Ein Paar, das sein erotisches Spektrum zu erweitern sucht, kann dies im Reich der Fantasie und im Austausch von Fantasien in spielerischer und ernster Form tun. Spielerisch, wenn die Grenze zwischen reiner Fantasie und Wunsch bewusst offengehalten wird, ernst, wenn sexuelle und emotionale Bedürfnisse aus dem Theaterstück der Sinne destilliert und bekannt werden (vgl. Kapitel 3).

2 Worauf achten? Landkarten für die Therapie

In gelingender Therapie entstehen hilfreiche Bewegungen. Beschreibungen, Erklärungen und Bewertungen lassen sich verflüssigen. Der Möglichkeitsraum erweitert sich. Welche Bewegungen sind im Zusammenhang mit Fantasien, ihren Funktionen und Auswirkungen denkbar? Die Fantasietätigkeit kann mithilfe verschiedener Kategorien und Dimensionen eingeordnet werden, die den Ausgangspunkt der Therapie über den Anlass hinaus bestimmen helfen und Orientierung für die Therapie bieten. Diese sind:

- der Grad der Ich-Zugehörigkeit,
- das Spannungsfeld von Fokus und Kontrolle,
- Rigidität vs. Flexibilität,
- der Realisierungsgrad bzw. die Unterscheidung von Fantasie und Wunsch.

Neben diesen Dimensionen der inneren Beziehung der Person zu ihrer Fantasie liegt ein besonderer Mehrwert in der Beachtung von Wechselwirkungen zwischen Körperprozessen und Fantasieerleben sowie in der Dramaturgie von Fantasieinhalten im Hinblick auf sexuelle und emotionale Bedürfnisse und erotische Kernthemen der Person im Sinn von Lebensthemen.

2.1 Ich-Zugehörigkeit

Eine Person kann sich als Urheberin der Fantasie erleben oder die Fantasie importiert haben, z. B. aus einem Spielfilm, einer Beobachtung, Texten in schriftlicher oder gesprochener Form. Im konstruktivistischen Sinn gilt, dass wir durch und durch Selbsterzeugerinnen sind, aber offenbar Anregung aus kollektiven Quellen zu schöpfen scheinen, was schon allein die massenhafte Nachfrage nach bestimmten Pornogenres, aber auch Liebesromanen deutlich zeigt. Pornografie ist importierte Fantasie. Sie prägt die Erfahrungswelten vieler unserer Klienten, einiger heute vermutlich mehr denn je. Therapeutisch spielt die Quelle der Fantasie eine Rolle, wenn sie berichten, die Fantasie eines ehemaligen Partners oder ein mit einer unangenehmen Ursprungssituation verknüpftes Bild nicht mehr loszuwerden (Konflikt: »die falschen Fantasien«), von dem sie sich distanzieren können, wenn sie es als Import deklarieren und für sich umgestalten oder über diese Unterscheidung klarer abgrenzen können. Am anderen Ende des Kontinuums machen Menschen, die glaubten, keine Fantasien zu haben (Konflikt: »zu wenig Fantasien«), neue Erfahrungen damit, dass in ihnen ganz eigene innere Welten entstehen können, deren Urheber sie tatsächlich sind und die sie als sich selbst zugehörig ansehen.

Wie anderes Erleben auch, können sexuelle Fantasien als dem eigenen Ich mehr oder weniger zugehörig und im Einklang damit (ich-synton) oder fremd bzw. im Widerspruch dazu (ich-dyston) erlebt werden. Im weiteren Sinne können wir hierzu auch Wertekonflikte im Zusammenhang mit sexuellen Gedanken zählen nach dem Motto: Was mich erregt, steht im Widerspruch zu meinen Werten (Konflikt: »die falschen Fantasien«).

Weil in der hohen erotischen Spannung von Fantasien sehr oft nicht alltägliche und politisch inkorrekte Elemente vorkommen und sich die Einbildungskraft nicht nur in Nacht-, sondern auch in Tagträumen verselbstständigen kann, dürfen wir darauf gefasst sein, dass Klienten sich des Öfteren im Konflikt mit ihren eigenen Fantasien befinden. In allen weiter oben genannten Anlässen zur Therapie spielt die Frage, inwiefern die Person die Fantasietätigkeit als ihr zugehörig erleben darf, eine zentrale Rolle. Therapie gelingt auf dieser Dimension, wenn den Klientinnen eine Bewegung hin zur Integration abgelehnter Anteile (d. h. Neigungen, Fantasien, Wünsche) möglich wird. Das ist, meiner Erfahrung nach, die häufigere und in jedem Fall die erste Bewegung, denn selbst wenn eine Fantasie losgelassen oder aus der inneren Welt verbannt wird, gelingt das meist erst nach einer Hinwendung.

Auf der Paarebene führen ich-dystone Fantasien eher zu Scham, Rückzug, heimlichem Verhalten als ich-syntone. Das Konfliktpotenzial ist nicht unbedingt geringer, wenn ein Partner zu seinen Fantasien steht, während sie den anderen zutiefst befremden, aber der Paarkonflikt wird dadurch produktiver, weil die differenten Positionen bejaht werden.

2.2 Subjektive Kontrolle

Bei allen Arten von Konflikten mit Fantasien (zu wenig, zu viele, die falschen) ist der Aspekt der Kontrolle von Bedeutung: Erlebt sich die Person als Lenkerin der eigenen Aufmerksamkeit oder erlebt sie sich ihren Gedanken, Empfindungen und Bildern oder dem äußeren Stimulus ausgeliefert? Menschen, die Fantasiemangel beklagen, erleben ihren Aufmerksamkeitsfokus nicht unter eigener Kontrolle. Es fällt ihnen zumeist schwer, ihn auf erotisierende Reize zu lenken und dortzubehalten. Sie werden von Stör- und negativen Bewertungsprozessen heimgesucht; Die noch zu erledigenden Aufgaben, der Mundgeruch des Partners, der Streit von gestern, die Angst zu versagen, kommen als ungebetene Gäste ins Haus der Gedanken. Bei Konflikten mit zu vielen oder den falschen Fantasien werden diese in Frequenz, Intensität und/oder Qualität als unerwünscht, aber unkontrollierbar erlebt. Sie werden zu Intrusionen.

In beiden Bewegungen – *weg von* unerwünschten und *hin zu* erwünschten Gedanken – geht es um eine Wiedergewinnung der

Hoheit über den eigenen Aufmerksamkeitsfokus. Sexualität hierbei als einen Prozess in der Zeit zu begreifen, bei dem Irritationen sehr häufig vorkommen, aber auch wieder verflüchtigt werden können, ist meines Erachtens eine allgemein und therapeutisch nützliche Idee. Sie definiert erotische Kompetenzen damit auch als Akzeptanz, Geduld, Interesse am Wieder-hinein-Finden. Dies bedeutet, dass die Kontrolle über das gedankliche sowie das Erregungsgeschehen verloren *und* wiedergefunden werden kann. Die Lenkung der Aufmerksamkeit und der hilfreiche Einsatz von Körperbewegungen spielen hier eine wichtige Rolle dabei, gegebenenfalls auch andere, prinzipielle oder weiterführende Interventionen, z. B. den Kontext, anders zu gestalten, die Auseinandersetzung mit dem Körperbild und dem Partner, Fantasien umzugestalten (vgl. Kapitel 3).

2.3 Rigidität vs. Flexibilität

Das Spektrum sexueller Reize, durch das eine Person subjektiv erregbar ist, kann unterschiedlich breit bzw. flexibel sein. Wenn eine bestimmte Fantasie zwingend benötigt wird, um sexuell erregt zu werden, handelt es sich um eine Fixierung oder einen Fetisch. Die Anwesenheit dieses ganz spezifischen Stimulus ist dann die Bedingung sine qua non der Erregung. Beim Fetisch ist ein bestimmter Ausschnitt des Körpers oder ein unbelebtes Objekt die Erregungsquelle. Alles kann zu einem Fetisch werden. Der Kontext und andere Personen als Ganzes, als Subjekt, spielen keine Rolle. Das ist per se kein Problem,[1] kann aber im Lebenskontext der Person oder innerhalb der Partnerschaft eines werden und auf einmal in die Rubrik

---

1 Fetischismus als klinische Störungskategorie existiert im ICD-11 nicht mehr (Klein, Brunner, Nieder, Reed u. Briken, 2015).

der falschen Fantasien fallen, weil die zum eigenen Orgasmus dringend benötigte Gewaltfantasie die Intimität mit dem neuen Freund beim Sex schmälert oder die Partnerin nicht dauerhaft auf eine Prostituiertenfantasie reduziert werden, sondern als ganze Frau begehrt werden möchte.

Die therapeutische Leitfrage ist die nach der Entwicklung größerer Flexibilität. Dies betrifft die Akzeptanz, den flexibleren Umgang mit dem Einsetzen der notwendigen Fantasie bzw. dem fantasiegeleiteten Verhalten (individuell oder als Paar) und manchmal auch die Erweiterung der Fantasienlandschaft zu einem durchlässigeren Spektrum.

2.4 Fantasie vs. Wunsch und Realisierungsgrad

Fantasien können sehr nah mit sexuellem Verhalten gekoppelt sein, d. h. während der sexuellen Aktivität auftreten oder dieses erinnern bzw. antizipieren. Sexuelle Praktiken, Inszenierungen im Rollenspiel oder in Pornos befinden sich an diesem Pol des Kontinuums. Rollenspiele bieten der Fantasie eine Bühne innerhalb der sexuellen Begegnung. Nach dem sexuellen Rollenspiel zieht die Krankenschwester (meistens) ihre Tracht wieder aus und wird wieder sie selbst im umfassenderen Sinn, und auch der Kapitän oder Dominus legt (meistens) seine Uniform ab und wird wieder zu Karl. An sexuell motivierten Internetaktivitäten ist interessant, dass die Grenzen zwischen virtuellem und realem Raum fließender sind oder gar verschwimmen: Ist Cyber-Sex, z. B. *sexting,* oder ein sexuelles Date über Webcam, nun real oder virtuell? Viele Internetaktivitäten, selbst Partnerbörsen oder virtuelle sexuelle Aktivitäten im Rahmen interaktiver elektronischer Spiele, sind Beispiele für diesen Zwischenraum: Es gibt reale Personen hinter den Avataren und eine reale

Interaktion im Internet. Zugleich besteht Raum für Fantasie ohne Ende, weil der Ausschnitt der Interaktion besonders begrenzt ist und vieles damit nicht oder nie real werden wird.

Fantasien können sexuelle Wünsche ausdrücken oder aber reine Vorstellung ohne Realisierungswunsch sein. Die Unterscheidung zwischen Fantasie und Wunsch ist therapeutisch zentral. Klienten (oder ihre Partner) können sich von Fantasien terrorisiert fühlen, weil sie fürchten, es wären geheime Wünsche, die sie um der Beziehung oder um der eigenen Werte willen unterdrücken. Wenn die Frage besteht, ob sich nicht doch ein Wunsch in der Fantasie verbirgt, lohnt sich eventuell ein konkretes Eintauchen in die Szenerie (vgl. Kapitel 4 am Ende dieses Buchs). Manchmal bringt auch erst die Realität Gewissheit, oder Klienten entscheiden sich für die Option Ungewissheit, indem sie nicht realisieren, was sie sich vielleicht wünschen. Auch wenn eine Fantasie sehr realitätsnah ausgestaltet ist, ist dies nicht unbedingt ein Hinweis darauf, dass die Person sie auch verwirklichen will, wie das folgende Beispiel zeigt.

Beate hat ein Profil auf einer Dating-Plattform angelegt. Bislang hat sie aber noch keinen einzigen Mann getroffen. Das will sie auch gar nicht, zumal sie gern in einer monogamen Beziehung lebt. Der Kick liegt woanders: Je mehr Zuschriften sie erhält, desto mehr erregt es sie. Entweder sie masturbiert bei der Vorstellung ihres vollen Postkastens, oder sie fantasiert auf eine anzügliche Zuschrift hin, die ihr gefällt, Sex mit dem unbekannten Mann und stimuliert sich dazu. Danach schreibt sie höflich zurück, dass sie kein Interesse habe.

Die Unterscheidung »reine Fantasie« versus Wunsch ist therapeutisch wichtig, weil sie Klientinnen oder gegebenenfalls Partnerinnen entlastet, die von den Inhalten ihrer Fantasien verunsichert sind und aufatmen, wenn sie diese nicht mehr mit Wünschen verwechseln. Andere können aus Fantasien tatsächlich Wünsche ableiten und daraus erotischen Gewinn ziehen. Wieder andere können, entlastet vom konkret sexuellen Fantasieren-Müssen auf der rein symbolischen Ebene, Entdeckungen über sexuelle Bedürfnisse machen. Symbolische Fantasien und Träume ohne konkrete sexuelle Inhalte können mit latenten Ebenen der Erotik der Person und mit elementaren Bedürfnissen in Verbindung gebracht werden, die Voraussetzung für sexuelles Begehren sind. Dies ist insbesondere dann interessant, wenn der direktere Zugang zu sexuellen Wünschen verstellt zu sein scheint und Klienten sich diesbezüglich unter Druck setzen (vgl. Eck, 2014, 2018).

Aufgabe der Therapie ist auch hier, produktive Bewegungen auf der Realisierungsdimension anzuregen, die je nach Ausgangspunkt mehr ins Konkrete oder mehr in den latenten Bedeutungsraum gehen (vgl. Kapitel 3).

2.5 Zusammenfassung: Fantasiekompass

Abbildung 1 zeigt die genannten Dimensionen des Erlebens von Fantasien und der Beziehungen der Person zu ihrer Fantasie oder Fantasietätigkeit im Überblick als orientierenden Kompass und ermöglicht eine Einordnung und damit die Bestimmung von Ausgangspunkten und Bewegungsrichtungen der Therapie.

Abbildung 1: Fantasiekompass – wie erlebt die Person ihre Fantasie(-tätigkeit)?

2.6 Fantasien und Körper

Aus der Perspektive der Embodiment-Theorien und -Forschung bilden Gehirn und Körper eine untrennbare funktionelle Einheit bzw. stehen in einer engen Wechselbeziehung miteinander (für einen Überblick s. z. B. Storch, Cantieni, Hüther u. Tschacher, 2017). Selbige Wechselbeziehungen können zwischen sexuellen Fantasien (als mentale Repräsentationen) und Sensumotorik angenommen werden.

Dass sexuelle Fantasien körperliche Erregung evozieren oder zumindest begünstigen und intensivieren, ist Common Sense. Aus gern gehegten sexuellen Fantasien lassen sich zudem Informationen über bevorzugte sexuelle Praktiken gewinnen. Weil die Fantasie im symbolischen Raum stattfindet, liegt der einfache Rückschluss auf Stimulationsvorlieben nicht für jeden nahe. Und natürlich kann die Fantasie auch eine Praktik ausdrücken, die genau nicht in der

Realität erfahren werden will. Im folgenden Beispiel ist die Fantasie der Spiegel der gelebten körperlichen Erotik bzw. der bevorzugten sexuellen Praktiken.

Marc hat Erektionsprobleme beim Koitus mit seiner Frau, die zugleich seine erste Sexualpartnerin ist. Er sagt, er sei sexuell nicht sonderlich aktiv, gibt aber auf Nachfrage an, sich zweimal pro Woche selbst zu stimulieren. Die Stimulation ist vorwiegend visuell, er kommt, fast ohne Hand anzulegen, zum Orgasmus. Ich frage nach seinen bevorzugten Pornos. Es handelt sich dabei um Fotografien von Frauen. Seine Frau fügt hinzu: Das Interessante ist, dass es immer Frauenbüsten sind, d. h., das Foto zeigt sie nur bis zum Bauchnabel. Im Lauf des Gesprächs kommen wir darauf, dass in eine Frau einzudringen offenbar bislang nicht zu Marcs Präferenzen und nicht in sein Repertoire gehört hat und er damit auch keinen Genuss verbindet. Im Folgenden wägt er ab, ob er das kennenlernen und einüben möchte oder nicht.

Das Kennenlernen des weiblichen Genitalbereichs über Augen und Tastsinn und die sukzessive Erweiterung der erotischen Reizkonstellation mit der Idee, dass die körperliche, aber auch die mental-emotionale Erregung den Sinnen »folgen« wird, ist nur ein möglicher Zugang. Interessant ist darüber hinaus die Idee, dass bestimmte Körperhaltungen oder -bewegungen, bestimmte sexuelle Praktiken bestimmte Arten von Fantasien wahrscheinlicher werden lassen.

Eine Übung: Wenn Sie (im Stehen, Sitzen oder Liegen) eine ganze Weile lang alle möglichen Muskeln im Körper anspannen und dann ganz allmählich an Sex denken, welche sexuellen Bilder oder Gedanken stellen sich ein? Nun lassen Sie die ganze Spannung los, schütteln sich ein wenig. Beginnen Sie dann damit, sich am ganzen Körper zu streicheln und sich in die eigene Berührung hineinzuschmiegen, und denken Sie wieder an Sex. Welche Bilder stellen sich ein?

Körperprozesse und -haltungen werden in jedem Moment eingenommen. Das gilt auch für die Momente der sexuellen Stimulation. Die meisten Menschen entwickeln im Lauf ihres Lebens bestimmte Stimulationsmuster, die sich für sie durch Wiederholung als besonders effektiv zur Steigerung und Entladung sexueller Energie erwiesen haben (vgl. Bischof, 2018).

Eine Veränderung von Marcs Körperhaltung, die bewusstere Berührung und Stimulation seines Penis, z. B. im Stehen mit Raum zum Atmen und beweglichem, den Penis aktiv steuerndem Becken, könnten im Lauf der Zeit Fantasien, die mit Eindringen zu tun haben, begünstigen.

Das Vorgehen folgt dem Prinzip: bei subjektiven Einschränkungen auf der Fantasie- oder Körperebene (bei zu wenig, zu vielen oder den falschen Fantasien) durch veränderte Fantasien Spielräume für veränderte Körperprozesse und durch Einüben anderer Körperprozesse Spielräume für andere Fantasien anzuregen (vgl. Kapitel 3).

Solche Veränderungen sind meist an eine Phase regelmäßigen Übens gebunden und gehen in einigen Fällen mit einem initialen Verlust an Erregungsintensität einher. Immer, wenn gewohnte Muster verlassen werden, sei es auf gedanklicher, kommunikativer oder körperlicher Ebene, kommt es zu einer instabilen Phase. Erst allmählich etablieren sich neue Muster. In jedem Fall gilt: Wenn Klienten sensibilisiert werden für die genannte Wechselwirkung zwischen Körper und Fantasieerleben, erfahren sie sich als weniger machtlos und sind motiviert zur Einflussnahme (vgl. Kapitel 3).

Bislang war die Rede von Bedeutungen von Fantasien in bestimmten Kontexten, von möglichen Beziehungen der Person zur Fantasie sowie Beziehungen zwischen Fantasie und Körper. Im nächsten Abschnitt geht es um die Frage des inneren Bedeutungszusammenhangs, der Dramaturgie einer Fantasie, und um die Möglichkeit, diese vertieft mit Person und Kontext in Verbindung zu bringen.

2.7 Die Dramaturgie der Fantasie

> »Phantasie, jene Kraft, die Hoffnung birgt, Wunden heilt,
> vor Realität schützt, Wahrheit verschleiert, Identität festigt,
> Gelassenheit herstellt und die Seele reinigt.«
> (Stoller, 1979, S. 83)

Fantasien stabilisieren die (sexuelle) Identität und sexuelle Skripte, indem bestimmte Vorstellungen oft wiederholt und stets mit sexueller Erregung verknüpft werden. Zum theoretischen und praktischen Verständnis der innerpsychischen Bedeutung sexueller Fantasien sind die Ideen zweier Psychoanalytiker sehr nützlich: Robert Stoller (1979) und Jack Morin (1995). Sie sind beide an verschiedenen Stellen für systemische Therapie anschlussfähig. Die Grundidee: Fantasien auf emotionale Bedeutungen hin zugänglich zu machen, enthüllt die erotische Tiefenstruktur einer Person und schafft einen Zugang zu Grundbedürfnissen und Entwicklungsthemen im umfassenderen Sinn. Es kann deutlich werden, was die Sexualität einer Person mit ihrem aktuellen und früheren Lebenskontext und mit ihren aktuellen Fragen, Symptomen, Konflikten und ihrer Lösung zu tun haben könnte. Fantasien sind so betrachtet dramatische Figuren oder identitätsnahe Narrative, deren Bedeutungen in der Therapie ko-konstruiert und auch verändert werden können.

Vom Trauma zum Triumph: Fantasien als Problemlösungsfiguren

Für Stoller (1985) ist die subjektive Bedeutungsaufladung der Sexualität Dreh- und Angelpunkt. Sie muss genau erfragt werden. Also nicht: »Was ist der Stimulus?«, sondern die konstruktivistische Erkundung »Was genau macht welchen Stimulus in dieser Vorstellung für Sie persönlich so erregend?«.[2]

Stellen Sie sich zwei Menschen vor, die von einer bestimmten Szene gewaltvoller Sexualität in ihrer Vorstellung sexuell erregt werden. Nur wenn Sie genau nachfragen, welche Elemente in dieser Szene wichtig sind und was genau das Erregende für die Person ist, kann die spezifische Voraussetzung für die Erregung herausgearbeitet werden. Eine Person könnte antworten: »Es ist der Ausdruck auf dem Gesicht der gequälten Person, ich muss sehen, was sie fühlt.« Die andere Person könnte antworten: »Für mich ist das Erregende, mir das als eine pornografische Produktion vorzustellen mit einem Kamerateam drum herum und einem Regisseur, der eigentlich die Macht ausübt in dem Szenario.« Was macht diese Details so erregend oder sogar notwendig? Von dort aus können weitere Bedeutungen erschlossen und verstanden werden, und diese können bei den beiden Personen in verschiedenste Richtungen verlaufen.

Stollers Erklärungsfigur für Perversionen (heute Störungen der Sexualpräferenz) stellt diese als Symptombildung dar, mit der ein erlebtes Trauma so bewältigt wird, dass es im perversen Akt in einen Triumph mündet. Die ursprüngliche traumatisierende Situation wird

---

2 Stoller distanziert sich in seinem Ansatz zum Umgang mit Perversion (heute: Störungen der Sexualpräferenz) von der klassischen Psychoanalyse in einem entscheidenden Punkt: Er kritisiert ihre a priori in Anspruch genommene Deutungshoheit (was der Klient »hat« und woher es »kommt«). Im Unterschied dazu stellt er heraus, dass allein die subjektiven Bedeutungen, die ein Mensch einem Stimulus verleihe bzw. die für ihn aus der Erfahrung damit erwachsen seien, darüber entschieden, ob es sich um normabweichende, perverse usw. Vorgänge handle.

wieder aufgesucht, aber so reinszeniert, dass sie anders ausgeht. Die ursprüngliche Opferposition wird verlassen und eine Täterposition eingenommen. Diese Erklärungsfigur überträgt er auch auf die Funktionsweise sexueller Erregung im Allgemeinen, bei der er die Fantasietätigkeit ins Zentrum stellt (Stoller, 1985). Die Funktion sexueller Fantasie sei es, ein Problem zu erzeugen, um es dann zu lösen. Damit führt er eine dramatische Idee des Spannungsaufbaus ein. Die Spannung zwischen Problem – z. B. Unsicherheit, nicht gewollt zu werden, nicht attraktiv zu sein – und Lösung – z. B. erfolgreich zu verführen, sich zu rächen oder sich Sex mit List zu erschleichen –, mache den Grad der Erregung aus. »Probleme« sieht er als traumatische Erfahrungen im weitesten Sinn, z. B. als kindliche Ohnmachtserfahrungen, Ausgeliefertsein, Frustration zentraler Bedürfnisse. Was Gefahr war oder ist, lässt sich nur biografisch erschließen (z. B. nicht angenommen, nicht attraktiv, nicht männlich sein, gedemütigt werden). Die sexuelle Fantasie wird dabei so ausgestaltet, dass eine Gefahr – das emotional bedrohliche Element – ins Spiel gebracht, dann aber triumphal überwunden wird. Ein Clou dabei sei, dass die Fantasie eine Sicherheit biete, die real nicht zu haben sei. Kontrollierte Ungewissheit wird erzeugt. Fantasien oszillieren zwischen Illusion und Realität. Es muss eine gewisse Risikospannung entstehen, aber zugleich muss echtes Risiko vermieden werden. Eine Seite der Person weiß, dass es sich um eine Illusion handelt und damit unter Kontrolle ist. Damit wird der »köstliche Schauder« aufrechterhalten. Eine andere Seite tut so, als wäre alles real, und »überzeugt« damit die Genitalien. Beates Fantasie könnten wir in dieser Logik folgendermaßen lesen:

Beate bemerkt, dass ihre Online-Abenteuersuche immer das Risiko mit sich bringt, keine Zuschriften zu bekommen. Theoretisch. Praktisch ist das noch nie vorgekommen. Aber die Spannung des Wartens auf Reaktionen von Männern ist nicht nur sexuell erregend, sondern die sexuelle Steigerung wird auch von emotionaler Spannung intensiviert: der Angst (nicht gewollt zu werden) und der Sehnsucht, durch die Zuschriften von dieser Spannung immer aufs Neue »erlöst« zu werden. In den Zuschriften liegt ihre sexuell und emotional entladende Erlösung, spätestens in ihrer folgenden Absage der Triumph.

Auch in Fantasien ohne Bezug zu realem Verhalten werden solche Spannungsmomente mit Risikofaktoren imaginiert. Die Fantasie dient gemäß Stoller dazu, ein kohärentes Selbst zu gewährleisten und die das Selbst bedrohenden Anteile zu überwinden. Nicht immer beinhaltet die Fantasie auf den ersten Blick einen Triumph. Zunächst wirkt sie wie eine Re-Inszenierung des »Traumas«, die dennoch triumphal wird, weil sie sexuell aufgeladen ist und die aktiv aufgesuchte Fantasie an sich eine kontrollierte Veranstaltung unter eigener Regie darstellt.

Bernd kennt die Dreieckskonstellation, in der er der gehörnte und gedemütigte Ehemann ist, als wiederkehrenden Albtraum in der Nacht. Da gibt es für ihn nur Horror. Zugleich landet er beim Pornoschauen fast immer bei genau diesem Plot. Er erregt ihn mit am meisten. Auch seine Fantasien verankern sich immer wieder in dieser sexuellen Figur. Wenn er den Porno aussucht oder die Szene in seinen Gedanken wachruft, ist Bernd der Regisseur. Er »triumphiert« in Stollers Logik masochistisch über das reale Trauma in einer Lebensgeschichte, die für ihn tatsächlich voller Demütigungserfahrungen (von Mitschülern, vom Vater, in Vereinen, von Liebhabern seiner Frau) steckte. Das emotionale Eis ist dünn: Während er von der Fantasie maximal erregt wird, ist es in der Realität für ihn schnell verletzend, wenn seine Frau Anita sich in seinem Beisein längere Zeit mit einem anderen Mann unterhält. Da hört die Lust auf.

Stollers dramatische Lesart unterstützt die Fantasieexploration aus einer konstruktivistischen Haltung heraus und bietet zugleich eine orientierende formale Hypothese in Form einer Problem-Lösungs-Spannungsfigur.

Hindernisse und Widersprüche sind erotisch

> »Es bedarf eines Hindernisses, um die Libido in die Höhe zu treiben, und wo die natürlichen Widerstände gegen die Befriedigung nicht ausreichen, haben die Menschen zu allen Zeiten konventionelle eingeschaltet, um die Liebe genießen zu können.«
> (Freud, 1912, S. 207)

Der amerikanische Psychoanalytiker Jack Morin interessierte sich in seiner Studie für die ganze Bandbreite des Fantasierens jenseits des klinischen Feldes (Morin, 1995). Auf der Basis inhaltsanalytischer und quantitativer Auswertungen von Lieblingsfantasien und Erinnerungen an herausragende sexuelle Erfahrungen hat er wiederkehrende zentrale Merkmale von Fantasiegeschichten extrahiert. Er stellt Hindernisse als spannungserhöhende Momente ins Zentrum. In einem Großteil der von ihm analysierten Geschichten entdeckte er Aspekte, die einem direkten Vollzug im Weg standen, z. B. räumliche Distanz, Verbote, Statusunterschiede, Ungewissheit. Im Lauf der Fantasie müssen diese Hindernisse überwunden werden. Er unterstützt damit nicht nur die dramaturgische Lesart Stollers, sondern unterstreicht auch einen paradoxen Erotikbegriff: »Erotik ist das Zusammenspiel sexueller Erregung mit den Herausforderungen des Lebens und Liebens« (Morin, 1995, S. 3; eigene Übers.). Zur Erotik gehören Widerstände, Widersprüche, Hindernisse. Für die Therapie ist das inspirierend, weil es Ambivalenz, Widersprüchlichkeit nicht nur toleriert, sondern anregt, sie als der Erotik immanent zu betrachten.

Die erfassten Fantasiegeschichten kondensierte Morin in wenige wiederkehrende Dynamiken: Sehnsucht und Vorfreude, Ambivalenz überwinden, Verbote brechen, Ohnmacht überwinden. Welche für eine Person bedeutsam sind, ist wieder im Kontext zu erschließen.

Während eine der größten Erinnerungen für Hannelore der erste Sex mit ihrem Freund im Auto vor ihrem Elternhaus ist, heimlich, aber in unmittelbarer Nähe zu den Personen, die ihr den Sex vor der Ehe untersagt hatten, ist Lillis Lieblingsfantasie, wie sie mit einem Date einen One-Night-Stand hat und den Mann am nächsten Tag den Eltern beim Frühstück vorstellt, die um ihre Fassung ringen, als sie verstehen, dass es sich nicht um einen künftigen Schwiegersohn, sondern um einen Sexpartner ihrer Tochter handelt. In beiden Fantasien werden Verbote gebrochen, und vielleicht spielt auch das Moment, Ohnmacht zu überwinden, eine gewisse Rolle. Der Triumph der Emanzipation könnte in einem Fall in der Heimlichkeit (das Risiko, entdeckt zu werden), im anderen Fall in der offenen Konfrontation und Befreiung liegen. In beiden Fällen spielten Individuationsfragen auch jenseits der Sexualität eine zentrale Rolle in der Therapie.

Intensive Gefühle und Gefühlsveränderungen bestimmen gemäß Morin den fantastischen Spannungsbogen: Die Affektlage bewegt sich im Verlauf der Fantasie z. B. von anfänglicher Angst oder Unsicherheit in Sicherheit, von Schwachheit zu Stärke, von Ärger zu Wertschätzung, von Schuldgefühlen in ein Gefühl der Freiheit.

Annelies Lieblingsfantasie spielt auf einer Beerdigung eines Jugendfreundes, auf der sie ihrem Mann begegnet, der in der Fantasie bereits ihr Ex-Mann ist. Im Verlauf des Festes beäugen sie einander und reagieren eifersüchtig auf die mitgebrachten neuen Partner, wissen aber nicht, wie der/die andere dazu steht. Tief in der Nacht stellt er sie zur Rede und bekennt, dass er sie immer noch oder neu begehre, woraufhin sie das Fest verlassen und ihr Begehren in die Tat umsetzen. In ihrer Fantasie verfremdet Annelie ihren vertrauten Ehemann und baut Hindernisse ein. In der Exploration betont sie die Spannung der Ungewissheit, weil beide anderweitig gebunden sind, die sich grandios in Siegesgewissheit auflöst vom Moment der Offenbarung an, die sicherstellt, dass sie und keine andere sein bevorzugtes Objekt der Begierde ist.

Hier finden wir Stollers Figur »vom Trauma zum Triumph« wieder. Emotionale Transformationsprozesse sind in vielen therapeutischen Ansätzen, z. B. Traumatherapie oder Emotionsfokussierter Therapie, zentral und somit hoch anschlussfähig. Die Fantasie kann wie ein Theaterstück als Inszenierung oder Spiegel emotionaler Kernkonflikte, Schemata und Auflösungen angesehen werden. Morins Kategorien lassen sich als Navigationshilfe für die praktische Fantasie-Exploration nutzen (s. Kapitel 3). Sie unterstützen dabei, den subjektiven emotionalen Bedeutungsraum hinter der Fantasie zu öffnen und über die Fantasie zu dem vorzudringen, was Morin als das erotische Kernthema bezeichnet: ein früh angelegtes, irgendwann sexuell aufgeladenes emotional bedeutsames dramaturgisches Skript, das die Struktur des sexuellen Verlangens der Person ausmacht und, mehr noch, möglicherweise deren zentrale Lebensthemen in einem umfassenderen Sinn berührt.

Die systemische Beratung

3 Wie fragen? Die praktische Arbeit mit sexuellen Fantasien

Die im Folgenden vorgestellten therapeutischen Konzepte und Interventionen können je nach Kontext und Verlauf der Therapie bei verschiedenen Anliegen zum Tragen kommen. Daher trenne ich die Darstellung nicht nach Anlässen »zu wenig«, »zu viele« oder »die falschen Fantasien«, sondern illustriere die therapeutischen Ideen mit Fallbeispielen unterschiedlicher Art.

3.1 Therapeutische Grundhaltung: Keine Angst vor Fantasien unter Berücksichtigung eigener Grenzen

Als Therapeuten müssen wir uns erlauben, die Inhalte von Fantasien als solche erst einmal zu hören und anzunehmen, ohne zu schnell zu bewerten oder Schlussfolgerungen im Hinblick auf das sexuelle Verhalten zu ziehen. Da unsere Klienten ohnehin selbst genügend negative Bewertungen mitbringen, können wir sie einladen, freundlich und interessiert an die eigenen Fantasien heranzugehen nach dem Motto: »*Angenommen, das wäre ein Teil Ihrer Sexualität, der da ist, ob Sie ihn wollen oder nicht, könnten wir mal wohlwollend schauen, was er zu bedeuten hat?*«

Eine Befürchtung könnte sein, dass wir durch unsere neugierige Nachfrage die intimen Grenzen unseres Gegenübers überschreiten. Daher ist wichtig, zu benennen, weshalb wir nach Fantasien fragen, und die Zugangsberechtigung auszuhandeln (s. im Folgenden). Ebenso könnten wir fürchten, von den Fantasien unserer Klientinnen selbst erregt zu werden und dadurch therapeutische Handlungsfähigkeit einzubüßen. Das wäre denkbar und braucht neben einer gewissen Toleranz für unsere eigenen Reaktionen (auch hier gilt zunächst: keine Angst vor Erregung) Skills der Selbstregulation über Atem, Fokuswechsel und Distanzierungstechniken.

Natürlich können wir als Berater an unsere Grenzen und mit möglicherweise finsteren oder widersprüchlichen Seiten unserer Klienten in Kontakt kommen. Wir können uns keineswegs darauf verlassen, dass destruktive oder gefährliche Fantasien sich auf jeden Fall kontrollieren lassen werden oder »eigentlich« nur Ausdruck tieferer Bedürfnisse sind. Wichtig ist nur, dass wir uns nicht aus Angst mit unserem Interesse ins Tabu zurückziehen, das wäre umso riskanter. Wenn jemand Mordfantasien oder pädophile Gedanken berichtet, sind wir umso mehr gefordert, nicht zurückzuschrecken, sondern durch genaue, zunächst nicht bewertende Nachfrage herauszufinden, wie weit Fantasie und Verhaltensintention bei der betreffenden Person auseinanderliegen. Bei Pädophilie beispielsweise handelt es sich um eine normabweichende sexuelle Neigung, die klar von der Pädosexualität (tatsächlichen sexuellen Handlungen mit Kindern) zu unterscheiden ist (ausführlicher dazu s. Ahlers u. Schäfer, 2010). Verhaltenskontrolle ist nötig und oft möglich, eine signifikante Veränderung der Neigung in der Regel nicht. Andererseits ist es bei aller Fantasiefreundlichkeit genauso wichtig, Klienten ohne Fantasietätigkeit nicht zu pathologisieren, was die folgende Aussage einer Klientin illustriert: »*Also das Schönste ist für mich einfach, wenn ich ganz genau im Körper spüre, was ich empfinde, wenn ich mit meinem Partner Sex habe. Zusätzliche Gedanken habe und brauche ich nicht, weder vor, während noch nach dem Sex.*« Was sollte daran nicht in Ordnung sein? Grundsätzlich gilt: Die Fantasien unserer Klienten sind sowieso da. Indem sie uns diese anvertrauen, geben sie sich selbst und uns einen potenziellen Handlungsspielraum. Dennoch brauchen wir auch einen Schutz unserer eigenen Grenzen, sodass es möglich ist zu sagen: »*Ich habe genug Details gehört.*« Gelegentlich kommt es vor, dass Klienten uns Avancen machen oder uns testen.

Stellen Sie sich vor, ein Klient sagt im Verlauf der Therapiesitzung unvermittelt, er könne sich hier und jetzt den just aus seiner Fantasie beschriebenen Sex mit Ihnen vorstellen.

Wie würden Sie reagieren? Eine mögliche Antwort kombiniert deutliche Abgrenzung vom Vorschlag mit Rückbezug auf den Auftrag und könnte – in freundlichem Ton – so lauten:

»Ich kann mir das wiederum nicht vorstellen und habe daran kein Interesse, denke aber, Ihr Impuls passt ganz gut zum Thema, das Sie mitgebracht haben: Ihrer Sehnsucht bzw. Ihrem Dilemma, sexuell wilder und anders leben zu wollen, als der Rahmen Ihrer vertrauten Ehe zulässt.«

Beim Risiko einer Selbst- oder Fremdgefährdung muss eine klare Positionierung erfolgen – hier entstehen rechtliche Risiken und Gefahren für andere oder den Klienten selbst – und die eigene Expertise und Kapazität eingeschätzt werden. Die Delegation an Experten für forensische Fragestellungen oder eine Klinik ist möglich und unter Umständen notwendig. Diese Fälle sind in meiner Praxis eher selten gegenüber einer Vielzahl von Fällen, in denen Menschen subjektiv in einem Konflikt stecken, der über die beherzte Annäherung an die Bedeutungen ihrer Fantasien verändert oder gelöst werden kann.

3.2 Auftragskonstruktion: Fantasien explizit zum Thema machen oder nicht?

Systemische Beratung orientiert sich an den Anliegen der Klienten und ihren Aufträgen an die Beraterin. Das gilt auch hier. Möglicherweise formuliert die Klientin selbst, dass wir mit ihr zu einem bestimmten Zweck auf die Fantasien schauen sollen (s. Anlässe).

Oder wir schlagen die Arbeit mit Fantasien passend zu einem Anliegen vor.

Sandra möchte mehr Lust auf und an der Paarsexualität haben, auch, um ihrem Freund, der viel mehr Lust habe, entgegenzukommen. Am liebsten möchte sie die gesamte Beratung mit ihrem Freund zusammen machen. Wenn etwas gut läuft, geht es meist von ihm aus, z. B. dass er sie mit der Hand so streichelt, dass sie davon erregt wird. Ich denke mit ihr darüber nach, was die Vor- und Nachteile eines ganz eigenen Entwicklungsprojekts sein könnten, d. h., wenn sie für sich schauen würde, was sie mag und was sie auch selbst zu ihrem Begehren und ihrer Erregung beitragen könnte. Sie spürt Verantwortung und Risiken, aber auch die Chance, dass es auf diesem Weg längerfristig für sie erotisch interessanter zugehen könnte, wenn sie nicht reagieren und »liefern«, sondern selbst gestalten würde. Durch etwas Geduld und Ermutigung erlaubt sie sich, neugieriger zu sein und auszuprobieren. Nachdem sie sich bereits mit mehr Vergnügen selbst stimuliert, wenn ihr Freund nicht zu Hause ist, frage ich in einem Gespräch nach erotischen Gedanken und Bildern. Ich bringe diese als weitere Möglichkeit, sexuelles Erleben zu intensivieren und genau passend für sie zu gestalten, ins Spiel. Getreu dem bisherigen Prozess schreckt sie zuerst etwas zurück, lässt sich dann aber auf das Thema ein.

Noch stärker als im Fall von Sandra ist die Frage der Beschäftigung mit eigenen Fantasien bei Frank vom Partner bzw. Paarkonflikt bestimmt.

Frank wurde von seiner Partnerin in die Therapie »geschickt«, weil sie das Ausmaß seines Pornokonsums nicht mehr aushielt, zumal in jüngerer Zeit kostspielige Live-Chats hinzukamen. Ihm ist das

Thema unangenehm, aber er möchte nicht, dass sie sich trennt. Im Rahmen des Erstgesprächs, das neben der Paardynamik und möglichen Anteilen seiner Partnerin daran seine eigene Beziehung zur Pornografie erkundet, erwähnt er, dass er sich nicht vorstellen könne, ganz darauf zu verzichten. Ich bin weit davon entfernt, das aus meiner Rolle heraus von ihm zu verlangen. Ich interessiere mich aber dafür, ob er bereit ist, diesen offenbar unverzichtbaren Teil seiner Erotik besser zu verstehen und hinsichtlich der möglichen Konsequenzen (z. B. dass seine Partnerin sich trennen könnte) Verantwortungsspielräume hinzuzugewinnen, d. h. weniger getrieben und mit mehr Wahlmöglichkeiten ausgestattet zu sein. Er schaut mich mit Unverständnis an. »Ja klar, schon, aber was gibt es da groß zu verstehen?« Ich antworte: »Sex ist nie nur Sex oder reines Aufbauen und Entladen sexueller Energie. Die Art, wie jemand Sex hat, hat mit ihm als Person und mit seinem Leben zu tun. Sie haben gesagt, dass die Pornos für Sie ganz wichtig sind. Könnten wir schauen, was die Chats für Sie tun, wofür Sie sie brauchen und was genau fehlen würde, wenn Sie sie nicht mehr hätten? Tun und lassen könnten Sie, was Sie wollen.«

Dem Auftrag und Beratungskontrakt geht stets ein Aushandlungsprozess voraus, der von der Therapeutin auch einen initiierenden Part verlangen kann. Im Zusammenhang mit Fantasien ist das wichtig, weil Klienten nicht unbedingt selbst auf die Idee kommen, diese in der Therapie zu thematisieren, oder diesbezüglich skeptisch sein können. Dann können wir die Beschäftigung mit Fantasien (oder der fantasiegeladenen sexuellen Aktivität) als im Kontext des Anliegens möglichen Fokus einbringen als sinnvollen Beitrag zu einem Entwicklungsgeschehen.

3.3 Kontext- und Entwicklungsorientierung: Das Schwellenmodell

Die Bedeutungen von Fantasien erschließen sich nur im jeweiligen Kontext. Diesen Kontext gilt es zu eruieren.

Fantasien als Stabilisatoren und/oder Marker und
Vehikel erotischer Entwicklung einordnen

Sexuelle Fantasien können sowohl Anlass als auch Gegenstand der Therapie sein. In beiden Formen sind sie Teil eines Prozesses, der als Entwicklungsübergang betrachtet werden kann. Die vom Ethnologen Victor Turner (1969) entwickelte, auf Gedanken von Arnold van Gennep (1960) basierende und von u. a. Retzer (2007) bereits für therapeutische Prozesse entlehnte Struktur des Schwellenrituals bietet eine nicht-pathologisierende Rahmung der Therapie als Übergang von einem in der Vergangenheit stabilen und eindeutigen, zu Beginn der Therapie als problematisch bewerteten Zustand (Struktur 1), durch eine Phase der Mehrdeutigkeit, Unklarheit, Suche, Krise hin-

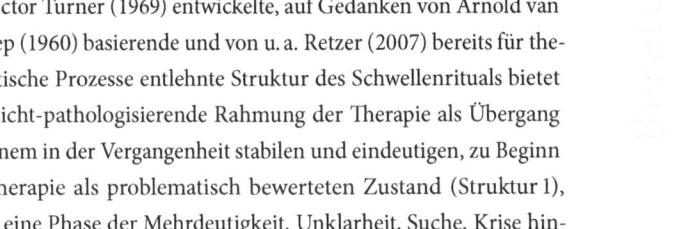

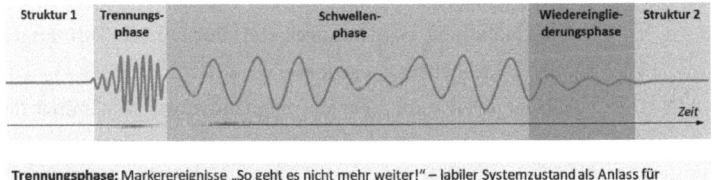

Trennungsphase: Markerereignisse „So geht es nicht mehr weiter!" – labiler Systemzustand als Anlass für Therapie

Schwellenphase: Das Alte gilt nicht mehr, das Neue gilt noch nicht – Mehrdeutigkeit, therapeutische Suchprozesse

Wiedereingliederungsphase: Markerereignisse für neue Stabilität – Bewegung in Eindeutigkeit, Anzeichen für neue Stabilität im System – Neu-Bekenntnis, Konsolidierung

Abbildung 2: Therapie als Phasenübergang

durch (bei Turner: Liminalität), in der das Bisherige nicht mehr gilt und das Neue noch nicht *(betwixt and between),* hin zu einer neuen stabilen (Lösungs-)Struktur, einem neuen Systemzustand (Struktur 2) oder, wie Turner es nennt, einer Anti-Struktur (Abbildung 2). Es werden drei Prozessphasen unterschieden: die Trennungsphase, die Schwellenphase und die Wiederangliederungsphase.

Diese Rahmung erlaubt es, den Therapieprozess zu strukturieren und in vereinfachter Form im Beratungssystem plausibel zu machen. Dies gilt für therapeutische Prozesse im Allgemeinen, so auch für Prozesse, in denen sexuelle Fantasien eine Rolle spielen.

Für die Trennungsphase liegen vor oder zu Beginn der Therapie kommunikative Markierungen vor, die häufig als Anlass für die Therapie formuliert werden im Sinn eines »So geht es nicht weiter«, z. B.:

– »Ich habe keine Fantasien und keine Lust auf Sex, aber so geht es nicht weiter.«

– »Ich habe entdeckt, dass mein Partner pädophile Bilder anschaut, so geht es nicht weiter.«

– »Ich kann ohne diese eine Fantasie nicht zum Orgasmus kommen, das schränkt mich ein, und mit dem neuen Partner will ich das nicht mehr.«

– »Ich schlafwandle vor den Augen und Ohren meines Partners mit anderen Liebhabern, so geht es nicht weiter.«

– »Wir langweilen uns sexuell miteinander, weil wir immer das Gleiche machen. Fantasieloser Sex. So geht es nicht weiter.«

Der Therapeut kann davon ausgehend weitere kommunikative Markierungen vornehmen, z. B.: *»Im Moment wissen Sie noch nicht, wie es weitergehen kann«* (Trennungsphase), das Bisherige geht nicht mehr, Klarheit oder eine Lösung sind noch nicht in Sicht (Schwellenphase). Im Rahmen der Auftragsklärung kann er herausarbeiten, was Ideen der Klienten über Struktur 2 (Lösung, neue Stabilität) sind und welche Rolle er dabei spielen soll.

Fantasien könnten auch Gegenstand oder Vehikel der Therapie werden, wenn sie im Zusammenhang mit einem Anliegen wie »Mehr Lust auf Sex entwickeln« oder »Mit Differenzen mit dem Partner umgehen« im Lauf der Therapie neu entdeckt werden, in Form von Fantasiereisen entstehen oder als Spiegel von Grundbedürfnissen verwendet werden.

Nur weil jemand den Therapieraum betritt und sagt, »So geht es nicht weiter!« oder »Ich möchte Fantasien entwickeln«, heißt das noch lange nicht, dass das bei näherer Betrachtung tatsächlich eindeutig stimmt. Veränderungsambivalenz ist allgegenwärtig.

Je nach Ausgangslage kann es in der Schwellenphase sinnvoll sein, überhaupt erst Fantasien zu generieren, Ambivalenz gegenüber der Beschäftigung mit den eigenen Fantasien auszuloten und abzuwägen, die Fantasie im Kontext des Lebens der Person zu betrachten und in ihrer Funktion den inneren Bedeutungszusammenhang zu verstehen und daraus Lösungsschritte für die Person abzuleiten.

Lösungs- und Wiederangliederungsschritte können sehr unterschiedlich aussehen: Fantasien zu integrieren, auf bisherige zu verzichten, stattdessen etwas anderes zu entwickeln, sie in Wünsche oder in gelebte Sexualität zu verwandeln, das in der Fantasie wirkende Thema in anderen Lebensbereichen anzugehen usw. Die Bewegungen sind vielfältig und werden weiter unten erläutert. Auch für die Wiederangliederungsphase, d. h. das Erreichen eines neuen stabilen Systemzustandes, gibt es oft Marker, z. B. ein bestimmter neuer Umgang mit Fantasien etabliert sich, Wünsche und Bedürfnisse werden vor sich selbst oder dem Partner klar benannt, Entscheidungen getroffen.

Am Ende dieses Buchs finden Sie eine Übersicht über mögliche Therapieschritte bei den Problembeschreibungen »zu wenig« vs. »zu viele« oder die »falschen« Fantasien in der Rahmung des Schwellenmodells.

Bereits beim ersten Sondieren können durch die Orientierung am Anlass für die Beratung erste *Hypothesen* generiert werden:

- Wozu wird die Fantasietätigkeit genau jetzt thematisiert, und von wem?
- Welchen Entwicklungsübergang der Person oder des Paares könnte der präsentierte Konflikt markieren?

- Was bedeutet das fantasiegeladene sexuelle Verhalten, die reine Fantasie oder der Wunsch im aktuellen Lebenskontext der Person oder des Paares?
- Was bedeutet die aktuelle Abwesenheit von Fantasietätigkeit im Kontext des präsentierten Problems, der Person, des Paares?
- Welche Rolle spielen Fantasien im biografischen Kontext?
- Was wäre das Thema der Therapie, wenn es nicht das präsentierte Problem wäre?

Die Rahmung in einem Entwicklungsmodell unterstellt der Fantasie ein entwicklungsleitendes Potenzial und eine kontextbezogene Bedeutung.

Bei Anita und Bernd spielen Fantasien eine multiple Rolle in ihrem Entwicklungsübergang, der heißt: Groll, Ängste und Distanzierung abzulegen und ein neues Liebespaar zu werden – nur was für eines? Als Anita Bernd zum ersten Mal beim Pornoschauen überraschte, reagierte sie erst erleichtert über dieses Anzeichen erotischer Lebendigkeit: »Du bist ja noch ein sexuelles Wesen!« Mittlerweile leidet sie an Art und Umfang dieser Betätigung, die für ihn mehr als ein gelegentlicher Zeitvertreib zu sein scheint. Sie wünscht sich einen mutigeren und präsenteren Liebhaber im eigenen Bett, der weniger von inneren Filmen, seien es Fantasien, Pornos oder Albträume aus der Vergangenheit, eingenommen ist. Sie selbst wiederum sieht sich im Moment, in dem sie sich seine erotische Präsenz wünscht, mit der Frage konfrontiert: Was macht mich eigentlich sexuell an, und was macht mich erotisch aus? Eigene Fantasien und Wünsche zu entwickeln und in die Beziehung einzubringen, fällt ihr zu Beginn der Therapie sehr schwer. Sie tappt in einem Nebel aus internalisierten Verboten und Ängsten, sich diesem für sie lange Jahre emotional distal und unberechenbar gewesenen Partner zuzumuten. Pointiert stellen sich für beide Partner komplementäre Entwicklungsfragen: Wie kommt Bernd aus der Fantasiewelt in einen erotisch selbstbewussteren realen Kontakt mit Anita? Und wie kommt Anita mit ihren Fantasien und Wünschen, d. h. mit ihrem erotischen Selbst in Kontakt und dann in die Beziehung?

3.4 Mit Ambivalenz umgehen

Ambivalenz gegenüber der Offenbarung von Fantasien im Rahmen der Therapie tritt häufig auf. In der Paartherapie aktualisieren sich Konflikte um die Leitfrage: Sind Fantasien privat und geheim, oder sollen sie geteilt werden? Damit spüren die Partner die Konfrontation ihrer Differenzierungsbereitschaft, d. h. Unterschiede und fremde Seiten im Begehren des Partners tolerieren zu können, ohne diesen dafür angreifen oder sich vor ihm zurückziehen zu müssen (vgl. Schnarch, 1992). Wie viel Unterschied in unseren sexuellen Bedürfnissen können wir stillschweigend tolerieren, offenbaren, ertragen, produktiv nutzen? Gute Gründe fürs Nichtthematisieren oder gemischte Gefühle liegen auch in der Befürchtung, dafür von der Therapeutin abgelehnt oder entwertet zu werden. Erschrecken und Scham gegenüber eigenen Fantasien können befürchtet werden. Bisweilen äußern Klientinnen und Klienten die Angst, dass ihre Kraft durch das Aussprechen und »Analysieren« verloren gehen könnte.

Auf die mutmaßlichen Bedeutungen seiner Lieblingsfantasien angesprochen und gefragt, ob er sich das einmal näher anschauen möchte, antwortet Bernd zögerlich: »Ich hab' schon so eine Ahnung, womit das bei mir zusammenhängt. Und irgendwie befürchte ich, dass ich mir dann selbst über die Schulter luge und zu mir sage: Jaaa, das magst du jetzt, weil deine Mutter damals … und weil dein Vater …«

Im Umgang mit Widerständen oder Ambivalenz ist es günstig, wenn die Beraterin eine eher ambivalenzfreundliche Haltung einnimmt und nicht mehr Eindeutigkeit will als der Klient. So kann sie die Ambivalenz nicht auflösen, sondern für den Prozess nutzen. Die folgenden stichpunktartig aufgeführten Haltungen können dem dienen.

- *Neutralität:* Die Person ist mit und ohne sexuelle Fantasien in Ordnung und muss diese (noch?) nicht entwickeln, geschweige denn thematisieren. Botschaft: Wir können auch andere Wege gehen.
- *Interessiert sein:* Die Ambivalenz oder das Zaudern genauer betrachten und verstehen wollen und die Bedenken zu Ende denken. Botschaft: Bedenken sind berechtigt, was liegt ihnen zugrunde, und was würde konkret folgen, wenn sie sich bewahrheiten würden?
- *Edukation und Normalisieren:* Von Menschen mit ähnlichen Bedenken berichten und darauf hinweisen, dass viele Inhalte fernab der Realität oder des »guten Benimms« fantasieren. Botschaft: Sie sind in guter Gesellschaft.
- *Erlaubnis geben (Therapeutin als Instanz):* Wenn ich Ihnen ein Rezept zum Fantasieren ausstellen würde, fiele es Ihnen dann leichter? Oder: Politisch korrekt oder nicht, es sind nun einmal Ihre Fantasien, wieso sollten sie nicht verstehbar sein?

- *Fantasiebegriff ausweiten:* Sie sagen, Sie hätten keine Fantasien. An welchen erotisch anziehenden Moment erinnern Sie sich? Er kann noch so klein sein. Es kann etwas im Fernsehen gewesen sein oder ein Augenblick in der Straßenbahn, eine Passage im Roman, die Vorstellung des eigenen Körpers etc.
- *Gewinnerwartung ausloten:* Angenommen, wir würden Ihre Fantasien zum Thema machen und näher ansehen. Was könnte für Sie dabei Hilfreiches entstehen? Was wäre die Folge, wenn wir an der Stelle sagen würden: »Lassen wir es lieber, gehen wir lieber nicht dran.«

Herbert kommt zunächst mit seiner Partnerin in die Therapie. Diese hat auf seinem Computer zum wiederholten Mal Schwulenpornos und Links zu entsprechenden Seiten gefunden, ist darüber entsetzt und will in der Therapie eine Klärung bezüglich der Fragen: »Warum machst du das? Bist du schwul? Begehrst du mich nicht mehr?« Herbert beteuert beschämt, dass er selbst nicht verstehe, was er getan habe (ich-dyston), und dass er das nie wieder machen werde. Ich äußere die Hypothese, dass dieses Verhalten vielleicht ein verstehenswerter Teil seiner Sexualität sein könnte, der sich eher entschärfe, wenn er nicht weggeschoben, sondern verstanden würde, und mache ihm ein Angebot für Einzelgespräche. Er kommt pflichtschuldig zum Termin, bleibt aber dabei, dass er einfach sicher sei, dass er diese befremdliche Seite seiner Sexualität stillgelegt habe.

Ein halbes Jahr später meldet er sich sehr betroffen: Seine Partnerin habe sich von ihm getrennt. Er wolle sie aber wiedergewinnen und sei nun bereit, näher hinzusehen. Ich frage Herbert, ob ich in der letzten Sitzung nicht genug »drangeblieben« sei. Er schüttelt den Kopf und sagt: »Nein, ich war einfach zu beschämt, ich konnte nicht hinsehen.« In einigen Gesprächen nähert er sich der »Männerfantasienseite« an und kann für die Bedeutung greifen, dass er sich bei Männern vorstellen kann, gehalten zu sein, während er sich bei Frauen immer selbst abverlangt, stark zu sein. Im weiteren Verlauf stellt er einen Zusammenhang zu seiner Sehnsucht nach dem abwesenden und streng wirkenden Vater her. Als homosexuell erlebt sich Herbert nicht. Er schreibt seiner Partnerin einen Bekenner- und Liebesbrief, woraufhin sie, besser spürend, womit sie es zu tun hat, zu ihm zurückkehrt.

Es kommt eher selten vor, dass ich insistiere, wenn Klienten größere Widerstände zeigen. Manchmal kann es hilfreich sein, Konsequenzen der Nichtbeschäftigung (z. B. Frau wird sich trennen) oder den potenziellen Nutzen (Selbstannahme, Integration) auf der Basis therapeutischer Erfahrungen mit anderen Klienten herauszustellen bzw. abzuwägen. All diese Überlegungen gelten in bestimmten Konstellationen und sind nicht pauschal über Personen und Situationen hinweg übertragbar. Dies gilt auch für die Frage der Aktivierung von Fantasien für die Therapie.

3.5 Fantasien erzeugen oder (re-)aktivieren

Eine scheinbar banale Frage: Wie erfrage ich die Fantasien meiner Klienten? Nicht banal ist, dass wir in einen Intimbereich der Person hineinfragen möchten, ohne damit eine Intimitäts*grenze* zu überschreiten. Die Frage nach Fantasien stellt nur einen Sonderfall des Sprechens über Sexualität in der Therapie dar. Wir gehen von dem Fall aus, dass die Fantasie nicht von allein von der Person erzählt wird, sondern der Fokus im Gespräch entsteht. Die Therapeutin zeigt, dass sie das Thema sicher handhaben kann, die potenzielle Unsicherheit des Klienten gleichzeitig versteht und einberechnet, ohne dass sie sich selbst verunsichern lässt. Die Zutrittserlaubnis einzuholen ist sinnvoll:

Wir haben über Thema x gesprochen. In dem Zusammenhang haben wir festgestellt, dass die erotischen Gedanken, die Sie haben, eine Rolle spielen. Damit wir bzw. Sie selbst sich an dieser Stelle besser verstehen, könnte es sinnvoll sein, wenn wir uns die Fantasien einmal näher anschauen. Ich frage nicht aus Voyeurismus, sondern aus Grund x oder y. Was meinen Sie dazu?

Die Therapeutin markiert, wozu darüber gesprochen werden kann. Dabei wird Anschlussfähigkeit hergestellt. Ist die Zugangsberechtigung ausgehandelt, gibt es je nach Ausgangspunkt verschiedene Möglichkeiten.

– **Direkt erfragen**
   Der direkteste Weg zu einer bedeutsamen Fantasie führt über die direkte Frage: *»Was ist Ihre Lieblingsfantasie? Angenommen, Sie wären überhaupt nicht erregt, welche Gedanken könnten Sie sofort in Wallung bringen?«* Wenn nicht nach irgendeiner, sondern nach besonders wichtigen Fantasien gefragt wird, liegen diese evtl. näher an Themen der Person.

– **Erinnerungen aktivieren**
   Erotische Erinnerungen sind mentale Repräsentationen und somit Fantasien und können erfragt werden. *»Welche besonders erregenden Erfahrungen ragen in Ihrer Erinnerung heraus? An welche sexuellen Träumereien Ihrer Kindheit/Jugend erinnern Sie sich besonders?«* Es ist auch möglich, über eine kurze Trance dorthin zu leiten, beginnend mit einer Achtsamkeitsinstruktion, z. B. die Aufmerksamkeit auf das Körpererleben und den Atem und von dort aus zum inneren Erleben zu lenken, einzuladen, sich im eigenen Leben umzuschauen, wie die Klientin sich in unterschiedlichen Lebensbereichen erlebt, zu denen auch die Sexualität gehört, ebenso vielleicht herausragende Erinnerungen an sexuelle Erfahrungen und Begegnungen, Fantasien, die wichtig waren oder sind.

- **Alle Sinne einbeziehen**
  Nicht alle Menschen sind primär visuell ansprechbar. Vielleicht repräsentieren sie leichter und lieber Berührungen, Gerüche, Geräusche. Es gilt, dies therapeutisch offenzuhalten.
- **Pornografie-Präferenzen**
  Pornografie ist reizgestützte Fantasie und daher als Zugang zum erotischen Innenleben der Person informativ. *»Wenn Sie Pornos gucken, an welchem Genre, welchen Darstellerinnen, welchen Szenen bleiben Sie am häufigsten hängen? Welche Szenen aus Fernsehfilmen oder -serien oder aus Romanen blieben Ihnen im Gedächtnis?«*

- **Inspiration von außen**
  Suchprozesse der Klienten in Form von Büchern, Filmen oder Internetrecherchen werden am besten so unterstützt, dass sie nichts toll finden müssen, sondern zu einer neugierigen Haltung ermutigt werden, die ihnen erlaubt, sie selbst zu bleiben und viele Dinge *nicht* gut zu finden im Vertrauen, dass unwillkürlich ein oder zwei interessante Impulse bei ihnen entstehen werden.
- **Embodiment**
  Das Körpererleben zu erfragen, braucht eine konkrete, nicht sexualisierende Sprache. *»Wie erleben Sie während der Fantasietätigkeit und während der sexuellen Stimulation (solo und mit Partner) Ihre Atmung, welche Körperpartien werden angespannt, wie bewegen Sie sich, welche Rhythmen der Stimulation bevorzugen Sie? Welche körperlichen Praktiken kommen in der Fantasie vor? Wie passen diese zu bevorzugten realen Praktiken?«* Klienten können auf Bilder achten, die bei bestimmten neuen Berührungen und Bewegungen entstehen.
  In der Gegenwart des Therapiegesprächs ist interessant: Welche Körperhaltung und Mimik nimmt die Person ein, während sie eine Fantasie oder Erinnerung innerlich heranholt oder erzählt? Welche körperlichen Signale fallen auf? Wie wirkt die Atmung?

Einige Interventionen aktivieren nicht nur Fantasien, sondern stellen bereits eine weiterführende Intervention dar. Dazu zählen das ideale sexuelle Szenario und das Live-Entwickeln von Fantasien.

Das ideale sexuelle Szenario

Die Intervention wurde für die Paartherapie bei Unterschieden im sexuellen Wollen entwickelt (Clement, 2004). Mit beiden Partnern wird verbindlich verabredet, dass sie eine für sie aktuell ideale sexuelle Begegnung verschriftlichen und in einem verschlossenen Umschlag zur nächsten Sitzung mitbringen. In dieser wird verhandelt, ob die Partner das Szenario des anderen hören und/oder ihr eigenes offenbaren möchten. Was auf den ersten Blick simpel erscheint, stellt das Paar häufig vor eine Herausforderung. Die Intervention zielt auf die Differenzierung der Partner, d. h. die Fähigkeit und Bereitschaft, Unterschiede im Begehren auszuhalten und als Katalysator für Entwicklung zu nutzen. Die Instruktion lässt offen, ob die Partner in ihrem Szenario Wünsche oder Fantasien thematisieren.

Sehr wichtig: In der Folgesitzung bleiben die Umschläge verschlossen, solange sorgsam die Zumutungsbereitschaft geprüft und verhandelt wird. *Was erwarten sie? Was befürchten sie? Wie würden sie mit Befürchtungen umgehen, sollten sie eintreffen? Wie (un)abhängig sehen sie ihre Erotik von der Bewertung durch den Partner?* Sollten die Partner so mutig sein, ihr Szenario zu offenbaren, steht der weitere Umgang damit zur Diskussion. Primär- und Sekundärreaktionen der Partner, was bedeutet es für das Paar? Trennung? Neue Erotik? Neuer Blick auf den alten Partner? Was folgt daraus? (Intervention im Detail s. Clement, 2004).

Als Anita und Bernd ihr ideales sexuelles Szenario schreiben und mitbringen, befürchtet Bernd, Anita zu sehr zu fordern. Anita befürchtet, ihn mit ihrem Szenario zu langweilen, und findet es selbst langweilig. Erst als ich sie nach einer Weile ihres Abwägens mit der Frage konfrontiere, inwiefern das, was sie als ideal fantasiert haben, durch die Reaktion des Partners weniger wert wäre und wie viel sie einander an »Nehmerqualitäten« zutrauen würden, werden sie mutiger und ringen sich kurz vor Ende der Sitzung dazu durch, einander vorzulesen, was sie sich ausgedacht haben. Anita zeigt sich anschließend erleichtert und von seinem Szenario fast enttäuscht. Ihr eigenes sieht sie selbstbewusster als zu Beginn der Sitzung. Anita ist stolz darauf, es gewagt zu haben und zu merken, dass er es liebevoll aufnimmt. Bernd findet sein Szenario nicht so aufregend, aber realistisch, das war ihm wichtig, und er bejaht es. Aus dem Szenario seiner Frau hört er heraus, wie sie ihn meint und will. Das ist ihm »wichtiger als tausend Stellungen«.

Eine zweite Ebene eröffnet die genauere Betrachtung der inhaltlichen Dimension der Fantasien im Sinn zentraler Bedürfnisse und erotischer Kernthemen (Abschnitt 3.6).

So kommen in Anitas und Bernds Szenarien sehr viele zärtliche Elemente, sehr viel Reden, sehr viel Augenkontakt, sehr viel Zeit vor, was das Paar und ich als Bedürfnisse nach Gesehenwerden, Angenommensein, In-Verbindung-Sein, Sich-beieinander-Versichern interpretieren.

Interessant ist die Bedeutungsgebung im Kontext der Paargeschichte. Wir wissen von Bernds anderen, mit masochistischem Leiden und Betrug spielenden Fantasien. Wir wissen von einer als heikel erlebten langjährigen Beziehung. Hinzu kommen altersbedingte Erektionsstörungen bei Bernd. Wir könnten auf die Idee kommen, dass die beiden sich in dieser Intervention noch zu sehr geschont und lieber nur mit »verträglichem« Material gezeigt haben könnten.

Wir könnten es auch so sehen: Die gemeinsame Sexualität war und ist für dieses Liebespaar der heikelste Ort, weil dort die Frage gestellt wird: Bin ich so, wie ich bin, für dich begehrenswert? Willst du mich nach all den Jahren wirklich? Darf ich mich zeigen, ohne dass du verletzt von dannen ziehst und mehr erwartest? Dieses Paar sucht die intime Verbindung vor dem Hintergrund einer langen Zeit, in der das nicht möglich war. Genau darin besteht möglicherweise das Heikle, Zumutende – nicht in ausgefallenen Szenarien.

Live-Entwickeln von Fantasien

Fantasien können spielerisch in Echtzeit in der Therapie entwickelt werden. Dies ist mit Paaren wie Einzelpersonen möglich.

Bei Isolde und Thomas entstand im Gespräch die Frage, was sie beide denn erotisch aufregend fänden. Anstatt sie direkt nach ihren Wünschen zu fragen, lade ich sie zum spielerischen Entwickeln einer Fantasie ein, bei der offen ist, ob sich darin konkrete Wünsche spiegeln.

Das Vorgehen entspricht dem Spiel des gemeinsamen Geschichtenerfindens: Du sagst einen Satz oder zwei, dann ich, dann wieder du.

Partner A beginnt beispielsweise mit dem Satz: »Wir sind am Strand, es ist Abend.« Partner B macht weiter: »Ich bin allein mit dem Barkeeper, der mich mit Bewunderung mustert.« Partner A: »Ich beobachte dich und ihn von fern und werde das nicht lange mit ansehen, sondern nähere mich dir lautlos von hinten.« …

Dieses Vorgehen bedeutet ähnlich wie das ideale sexuelle Szenario keine reine Erkundung, sondern eine starke Intervention: Das Paar spielt mit Erwartungen und Erwartungsbrüchen, die entweder irritierend oder erregend sein können. Es entwickelt etwas gemeinsam, während beide Partner innerlich prüfen können, inwiefern sie sich der Geschichte des anderen anpassen oder eigene Akzente setzen wollen. An einem bestimmten Punkt bricht das Paar den Prozess ab, dann kann es interessant sein, zu erfragen, warum genau hier Schluss war.

Im Einzelsetting läuft die Entwicklung anders, da die Therapeutin als Sparringspartnerin keine eigenen Fantasieinhalte beisteuert, sondern den Klienten im Entwicklungsprozess unterstützt.

Ingo, ein älterer Herr, brachte zur Sprache, er finde sich so fantasielos. Er denke, dass Männer eigentlich ständig über Sex fantasierten, er aber nicht. Auf meine Frage, ob das denn nun schlimm sei, wenn es so wäre, antwortet er, dass er da schon gerne mehr entwickeln würde. Also bitte ich ihn, mit seiner Aufmerksamkeit lose umherzuwandern, und lade ihn ein, zuzulassen, sich an ein erregendes Detail aus der näheren oder entfernteren Vergangenheit zu erinnern.

Mit dieser Anregung suche ich das Ende des Fadens, den er dann in die Hand nehmen und mit meiner Unterstützung zu einer Fantasie weiterspinnen kann. Mehr braucht es nicht.

Er sagt unvermittelt, geradezu von sich selbst überrascht: »Büstenhalter!«

Wichtig ist hier, nicht zu lachen, zu bewerten oder von ihm zu verlangen, dass er erklärt, warum er jetzt ausgerechnet an einen Büstenhalter denkt. Weder er noch ich kennen das ganze Bild. Wir haben bis jetzt ein einziges Detail, von dem aus er in kleinen Schritten weiterentwickelt. Die therapeutische Neugier leitet den Prozess, es gibt keinen Fragenkatalog. Diese Exploration treibt die Leitfrage voran: Welcher nächste Schritt, welches nächste Element würde Sie weiter anziehen und erregen, wenn Sie es hinzufügten? Sie können sich zur Orientierung auch innerlich fragen, worauf Sie als Therapeut als Nächstes neugierig wären.

»Aus was ist der Büstenhalter, und wie sieht er genau aus?« Ingo: »Aus heller Spitze. Eher so altmodisch-romantisch.« – »Ach, das ist ja interessant … Was ist noch wichtig am Aussehen dieses Büstenhalters? … Und ist da auch ein Busen im Büstenhalter drin, oder geht es um den Halter an sich?« – »Ja, Brüste sind drin.« – »Was für Brüste?« – »Eher reife, üppige Brüste liegen da drin, und daran ist eine Frau, an der was dran ist« …

Begleitet mit derlei Fragen entstand eine neue Fantasie, des vordergründig »Fantasielosen«. Im Resultat konnte er darin mit frühen erotischen Reizen seines Lebens neu in Berührung kommen und diese für sich aufwerten: die Erregung seiner frühen Teenagerjahre angesichts der Wäsche von Frauen, die für ihn Insignien des vollkommen Unerreichbaren und Anlass zu bittersüßer Qual gewesen waren. Er generierte in diesem scheinbar leichten und spielerischen Prozess nicht irgendetwas, sondern eine sexuelle Fantasie, die Ausdruck tiefer Sehnsüchte und mit seiner Person wie seinem Lebenskontext eng verwoben war.

In der Regel berühren solche Erfahrungen Klientinnen und Klienten, weil sie spüren können, dass ihre Erotik etwas mit ihnen zu tun hat. Die Idee, »irgendwelche« Fantasien zu generieren, wird abgelöst durch das Erleben: Es ist bereits etwas vorhanden, das mir entspricht.

Symbolische Fantasiereisen

Insbesondere bei Fantasiemangel und wenn großes Unzulänglichkeitserleben bezüglich Sexualität besteht, können direkte Nachfragen nach sexuellen Fantasien mehr desselben für die Klientin bewirken:

mehr Druck, den sie ohnehin verspürt. Damit dennoch auf symbolischer Ebene Kontakt mit den eigenen erotischen Themen, Konflikten, Bedürfnissen hergestellt werden kann, besteht die Möglichkeit *angeleiteter oder dialogischer Fantasiereisen ohne direkten sexuellen Bezug*, z. B. eine Reise zur inneren Frau oder zum inneren Mann (vgl. ausführlich Freudenfeld, 2018), eine Reise in den erotischen Raum (vgl. ausführlich Eck, 2014, 2018), eine Reise zu einem noch ungelebten Teil der eigenen Erotik.

Fantasien, die das Körpererleben unterstützen

Fantasiereisen können auch auf der körperlichen Ebene suggestiv unterstützen, z. B. die Fantasie von Meereswellen: die Vorstellung, dass die Klientin am Strand liegt und die Wellen ihr ganz allmählich rhythmisch näher und näher kommen, das Wasser an ihren Beinen entlang fließt und sich wieder zurückzieht, mit der nächsten Welle bis hinauf zu den Oberschenkeln, dann allmählich ihr Geschlecht erreicht usw. Diese Fantasien können als Audiodatei mit nach Hause gegeben werden, um die Intimsphäre der Klientin angesichts dieser potenziell erregenden Anleitung zu schützen. Von körpernahen Fantasien gibt es einen reichen Fundus in mündlicher Tradition des sexocorporellen Ansatzes (vgl. Bischof, 2018).

Werden Fantasien als Konfliktanlass mit in die Therapie gebracht oder ist das Fantasieleben den Klienten bereits verfügbar, werden die genannten Möglichkeiten, Fantasien zu generieren, nicht gebraucht. Dann geht es um die Frage, wie bestehende Fantasien im Kontext und in ihrem Bedeutungsgehalt verstanden und eingeordnet werden können und wie die Person im Anschluss daran mit ihr umgehen will. Dies ist eine allgemeine Beschreibung sehr verschieden gelagerter idiosynkratischer Anliegen und Prozesse, die im Folgenden immer wieder illustriert werden.

3.6 Innerer Bedeutungszusammenhang: Fantasieinhalte explorieren und Bedürfnisse ableiten

Das in (sexuellen) Fantasien enthaltene Material kann vielfältig im Dienst des Anliegens des Klienten verwendet werden. Es handelt sich um:

- *Deutbares Material:* Gemeinsame Konstruktion von Bedeutungen innerhalb der Fantasie und Herstellen von Zusammenhängen zwischen der Sexualität und anderen Lebensbereichen.
- *Übersetzbares Material:* Bedürfnisse und Wünsche, denen die Fantasie Ausdruck verleiht, können Neues im »echten Leben« anregen (z. B. sexuelles Verhalten, Haltungen, Beziehungsverhalten, Selbstfürsorge, Selbstentwicklung oder Entwicklung des Paarsystems …).
- *Formbares Material:* Fantasien können prinzipiell unbegrenzt ausgestaltet, umgeschrieben, reinszeniert usw. werden. Der Klient wirkt als Regisseur seiner Fantasien.

Ähnlich wie bei einer Symptomexploration ist es sinnvoll, Fantasien in zwei Grundbewegungen zu erkunden:

1. Welcher innere Bedeutungszusammenhang der Fantasie lässt sich konstruieren?
2. Re-Kontextualisierung: Welchen Sinn ergibt die innere Bedeutung der Fantasie im geschilderten Lebens- und möglicherweise im Problemkontext der Person?

Wichtig ist, keine Deutungshoheit des Therapeuten zu unterstellen. Vielmehr ko-konstruieren Therapeut und Klientin Bedeutungen um die Fantasie herum und in sie hinein. Beide Erkundungsbewegungen gehen Hand in Hand und kennen keine Standardreihenfolge. Häufig beginnt die Beratung mit der Kontextualisierung des Konflikts und unter Umständen der Fantasie, konstruiert dann die innere Bedeutungslandschaft und ordnet die gewonnenen Informationen wiederum neu/angereichert in den Entwicklungskontext ein (vgl. im Folgenden die Fallbeispiele).

Die vertiefende Erkundung von Fantasien bringt Entwicklungsmöglichkeiten auf der konkreten sexuellen Ebene, der Beziehungsebene und der Ebene der persönlichen Entwicklung insgesamt.

Konkrete Bedeutungen – sexuelle Bedürfnisse aus der Fantasie ableiten

Sehr konkrete Fragen an die Fantasie führen häufig zu brauchbaren konkreten Rückschlüssen auf sexuelle Vorlieben und Bedürfnisse (Fantasie vs. Wunsch?):

– Welche Arten der Stimulation kommen in der Fantasie vor?
– Ist die Fantasieinhaberin Voyeurin oder Akteurin?
– Welche sexuellen Praktiken werden hervorgehoben?
– Wie passen Fantasie und real gelebte Sexualität zusammen?

Der Klient kann daraus ableiten, was im echten Leben verwirklicht werden will. Das ist oft nicht die Realisierung der Fantasie selbst, sondern ein Korn, ein Aspekt, der besonders wichtig erscheint, z. B. sich mehr Zeit zu nehmen, mehr orale Stimulation.

Natürlich kann auch gespürt werden, was erwünscht wäre, im echten Leben aber nicht geht. Auch diese Erkenntnis stellt einen Ausgangspunkt dar: Das sexuelle Bedürfnis ist klarer, somit kann der Umgang damit eigenverantwortlicher gestaltet werden.

Insas liebste Fantasie gibt ihr Rätsel auf. Sie steht nur auf Männer, aber in der Fantasie sieht sie sich stets auf einer Liege, umringt von zahlreichen anderen nackten Frauen mit Blütenkränzen im Haar, die sie lachend und freundlich liebkosen und mit Fingern und Mündern verwöhnen. In einigem Abstand steht die Statue eines Mannes – »wie David von Michelangelo, nur mit etwas größerem Penis«.

In diese Fantasie könnten viele verschiedene Bedeutungen hineingelesen werden, der Kontext bzw. die Klientin bestimmt, was relevant ist.

Bei Insa steht die Fantasie in der Art und Weise, wie sexuell interagiert wird, in einem großen Gegensatz zur Realität. Insa fällt auf: Ihr aktueller Freund (so wie auch die meisten bisherigen) hat es nicht so mit der Sinnlichkeit, er »vögelt lieber aktiv drauflos«, wie sie es nennt. In ihrer Fantasie hingegen kommt überhaupt keine Penetration vor. Sie steht im Mittelpunkt gern und froh gegebener sinnlicher Berührungen, wobei der reine Anblick des Männerkörpers sie erregt. Insa muss nichts liefern. Sie schlussfolgert: »Die Fantasie drückt etwas aus, was mir aktuell fehlt. So hab' ich es noch nicht gesehen. Und nun?«

Dem erotischen Kernthema auf der Spur: Die Dramaturgie der Fantasie nachvollziehen

Die Idee, Fantasien sehr genau zu erkunden, um ein tieferes Verständnis ihres Aufbaus und der spezifischen Bedeutungen ihrer Elemente und Dramaturgie für die Person zu erlangen, ist für viele Klienten neu. Die therapeutische Dienstleistung besteht darin, mit einer Lampe vorauszugehen und auszuleuchten, was die Klientin bislang noch nicht genau angeschaut hat, über sehr genaue Nachfragen und empathisches Vertiefen emotionaler Momente im Kontakt mit der Fantasie, zusammenfassendes Zuspitzen, Benennen von Erlebensinhalten und mutmaßlichen Bedeutungen auf sexueller und emotionaler Bedürfnisebene.

Leitidee ist, das erotische Kernthema der Person herauszuarbeiten und dabei einen weiten Erotikbegriff zugrunde zu legen. In der

Logik des erotischen Kernthemas liegt der bedeutsamen sexuellen Fantasie ein erotisch aufgeladenes emotionales Skript zugrunde, das weiter gefasste Grundbedürfnisse auf der sexuellen Bühne inszeniert. Der Erkundungsprozess interessiert sich für den Aufbau einer Konfliktspannung (Hindernisse) und deren Auflösung (Überwindung) innerhalb der Fantasie. Je nach Anliegen besteht dann die Möglichkeit erneuter vertiefter Vernetzung mit dem Kontext der Person, der Würdigung, Anerkennung und Integration zuvor störender Inhalte, des Loslassens oder Umgestaltens von Fantasien.

Für das vertiefende Interview ist weniger die einzelne Frage als vielmehr die Haltung entscheidend: über die Auswahl der Fantasiedetails, die Artefakte, tiefere Bedeutungen zu erschließen. Das bedeutet zunächst, ganz genau nachzufragen, warum dieses Detail wichtig ist und jenes nicht – in einer interessierten Langsamkeit, sodass die Klientin ins Nachdenken kommt. Die folgenden Leitfragen sind eher als Inspiration denn als Katalog zu verstehen.

Tabelle 1: Leitfragen zur Exploration der Dramaturgie der Fantasie und des erotischen Kernthemas

Frage	Fokus
Was beinhaltet die Fantasie? Was passiert? Wer ist dabei? Was sind die Merkmale von Ort, Zeit, Akteuren, Handlungen? Sind Sie selbst Zuschauer oder Akteur? Wieso sind bestimmte Elemente so und nicht anders gewählt? Ist es wichtig, dass …, oder könnte das auch anders sein?	Plot, Artefakte, Leitsymbole, Leitunterscheidungen
Wodurch wird es spannend? Welche Hindernisse/Widerstände stehen in der Fantasie anfangs dem lustvollen Vollzug im Weg, und wie werden sie evtl. überwunden?	Hindernisse, Dramaturgie, Spannung, Konflikt
Worin liegt der dramaturgische »Höhepunkt« – der intensivste Punkt der Erregung der Fantasie?	Dramaturgie, Risiko, subjektive Bedeutung, Spannung
Inwiefern spielen die folgenden Aspekte eine Rolle: Sehnsucht/Vorfreude, Verbote brechen, Macht/Ohnmacht, Ambivalenz?	Morins Ecksteine der Erotik (als lose Hypothesen, keiner muss zutreffen)

Frage	Fokus
Was sind Ihre Ideen darüber, was diese Fantasie so erregend für Sie macht?	Subjektive Bedeutung
Welche Gefühle spielen eine Rolle? Wie verändern sich Gefühle innerhalb der Fantasie?	Konflikt, kontrolliertes Risiko, Bedürfnisse, Konfliktlösung
Welche Bedürfnisse kommen in diesem Fantasieplot zum Ausdruck?	Bedürfnisse, erotisches Kernthema
Findet sich ein wiederkehrendes Leitmotiv/Thema in Ihren Fantasien (mehrere auch möglich)? Mit welchen realen emotionalen Erfahrungen, Beziehungserfahrungen und Kindheitserlebnissen lassen sich die erregenden Kernelemente Ihrer Fantasien in Zusammenhang bringen? Was wird re-inszeniert? Was wird überwunden?	Erotisches Kernthema, emotionale Bedeutung der sexuellen Fantasie, Re-Kontextualisierung
Wann ist die Fantasie genau entstanden? In welchen Situationen spielt sie (oder eine andere) eine besondere Rolle? Was tut sie für Sie? Wobei hilft sie Ihnen? Was ermöglicht sie Ihnen?	Re-Kontextualisierung

Die Feinbedeutung der Details kann so unterschiedlich sein, der Klient allein kann sich an dieser Stelle erklären, sich selbst auf die Spur kommen.

Kehren wir an dieser Stelle noch einmal zu Carla zurück, deren Fantasie ich am Beginn dieses Buchs berichtet habe (vgl. S. 16). Fragen Sie sich noch einmal:

– Was war meine Erstreaktion auf diese Fantasie?
– Welche Bewertungen hatte ich sofort?
– Was interessiert mich näher?
– Welche Fragen würde ich stellen?
– Welche Hypothesen über ein erotisches Kernthema bzw. zentrale Bedürfnisse kommen mir in den Sinn?
– Welche Hypothesen über den Kontext kann ich bilden? Das heißt, welche Rolle spielt die Fantasie vermutlich im Lebenskontext von Carla, und wie kommt sie wohl im Kontext der Therapie ins Spiel?

Es gibt keine »Auflösung« mit Wahrheitsgehalt, ich berichte einfach aus dem Prozess die subjektiven Bedeutungsgebungen von Carla:

Kontext: Carla suchte Therapie, weil sie sich in eine für sie schwierige Situation manövriert hatte und merkte, wie sie weniger und weniger ihren Alltag bewältigen konnte. Sie hatte das Gefühl, beinahe auseinanderzufallen. Nach vielen Jahren der zeitintensiven und kräftezehrenden Betreuung ihrer kranken Tochter, die sie auch von ihrem Mann, aber mehr noch von sich selbst entfernt hatten, kam sie im Zusammenhang mit einem Rückenleiden zu einem Physiotherapeuten in Behandlung. Dieser sprach sie nach einigen Terminen konkret darauf an, dass sie den Eindruck einer Frau mit sexuellem Defizit mache, was er – gegen Geld – gerne ändern könne und wolle. Sie war perplex, fühlte sich aber von ihm bis ins Innerste gesehen. Er sah, was sie nicht mehr fühlte. Er hob einen Vorhang, hinter dem sich eine Welt der Sinnlichkeit verbarg. Sie begannen eine Affäre für Geld, bei der sie Sex erlebte wie nie zuvor. Durch seine Art, genau zu spüren, was sie brauchte, fühlte sie sich sehr schnell an ihn gebunden. Sie experimentierten viel, und einige Male gingen sie – auf seine Fantasie und Initiative hin – in einen Klub, um das zu tun, was Carla in ihrer Fantasie (als Erinnerung, die sie noch weiter ausschmückte) beschreibt. Er war wie sie in einer Partnerschaft, eine »echte« Beziehung kam daher für ihn nicht infrage. Carla bezahlte weiterhin für den Sex, weil sie keinesfalls auf diese Erfahrungen verzichten konnte, fühlte sich aber zugleich immer unwohler mit diesem Arrangement. Sie geriet immer stärker in einen Strudel der Abhängigkeit und bekam immer weniger, was sie anfangs so genährt hatte: seine volle Aufmerksamkeit und sein Begehren. Stattdessen warf er ihr nun vor, sie verlange zu viel. Irgendwann beendete er abrupt das Verhältnis, seitdem ist sie im freien Fall. Wie konnte das nur passieren? Sie sucht festen Grund unter den Füßen. In den ersten Sitzungen wirkt sie nahezu dissoziiert, wie unter Schock. Ganz behutsam gelingt es ihr über die Zeit, wieder ein bisschen zu fühlen, wie es ihr geht und wohin sie blicken könnte. Wir starten ein Projekt der Wiedergewinnung ihrer Souveränität und der inneren Loslösung von diesem Liebhaber. Die fällt ihr enorm schwer, von seiner Bestätigung fühlt sie sich immer noch abhängig, außerdem plagen sie nun Schuldvorwürfe und Befremden über das, was sie getan hat. Sie kann sich selbst nicht mehr ausstehen. Sie fragt immer wieder, wie das erklärbar sei, dass sie das getan habe, aber mir scheint, dass die gemeinsam gebildeten Erklärungen ihr immer wieder entgleiten. Biografisch wird vage deutlich, dass Carla aus einem sehr leistungsorientierten Elternhaus stammt, in dem das Wichtigste zu sein schien, dass jeder einfach funktionierte. Krank oder bedürftig sein gab es nicht. Carla vermutet, dass es daher kommen könnte, dass sie bei der Frage, was sie selbst brauchen könnte, schon immer eine Leerstelle empfunden habe – sie könne da wenig fühlen. Und in all den vielen Jahren, in denen sie um ihr krankes Kind kreisen musste, ist ihr Kontakt mit den eigenen Bedürfnissen nicht besser geworden. Ich bin traurig berührt von diesen Informationen, Carla ist mit diesen aber nur bedingt im emotionalen Kontakt. Ich suche nach einem Weg, wie sie in Berührung kommen kann mit dem, was sie in ihrer Affäre gefunden hat, was offenbar so erschütternd wichtig war und so stark einen bisherigen Mangel gefüllt haben mag, dass sie jetzt nicht davon loskommt.

Fantasieexploration des erotischen Kernthemas: Ich bitte Carla, mir ihre schönste Erinnerungsfantasie aus diesem Verhältnis zu beschreiben (s. Einleitung dieses Buchs), weil das der einzige innere Ort zu sein scheint, an dem sie sich aktuell lebendig und im Kontakt mit sich selbst erleben kann. Wir explorieren gemeinsam im Detail, und Carla beginnt zu spüren und zu benennen, was an dieser Erinnerungsfantasie existenziell bedeutsam ist: anfangs eine erregende Ungewissheit in der neuen Situation (vgl. »kontrollierte Ungewissheit«, Stoller; Hindernisse Morin), der Sex mit anderen Männern, die total auf sie stehen, erhöht ihr sexuelles Selbstwertgefühl, sie ist machtvoll und gibt sich selbstbewusst-unabhängig. Gleichzeitig tut sie alles nur für ihren Begleiter, wie in einem verzögerten Vorspiel (vgl. Hindernisse, Morin; evtl. auch »Trauma« im Sinn des Bemühenmüssens um die Zuneigung, des Beweisens ihres Wertes). Der permanente Blickkontakt des Begleiters mit ihr ist unendlich wichtig. Der Moment der größten Spannung, der Höhepunkt der Fantasie liegt für Carla im Übergang von Teil 1 (sie hat Sex mit Männern auf seine Anweisung hin) zu Teil 2, in dem er – endlich – zu ihr geht, sie ganz zärtlich bei der Hand nimmt, sagt: »Komm jetzt mit mir« und sie in einen privaten Raum geleitet, wo sie miteinander langsam intensiv Sex haben, bei dem er »tut, was ich denke«. Hier darf sich die ganze Spannung fulminant und in langen, sanften und intensiven Wellen auflösen in ein Höchstmaß an Intimität. Ich möchte an der Stelle fast pointieren: Sie ist gerettet.

Zusammenfassend kommt Carla auf mein vertiefendes Nachfragen und empathisches Vermuten und Zuspitzen hin zu folgenden Erkenntnissen, die sie als genau passend und stimmig fühlt (!): Was sie in der Fantasie tief angerührt, erregt und befriedigt ist, zu diesem Mann hundertprozentiges Vertrauen zu haben und zu erleben, wie er für sie sorgt, auf sie achtet, sie begehrt, als wertvoll ansieht und noch mehr: Während sie mit einem anderen Mann schläft, erregt sie das mentale Eindringen ihres Begleiters, der trotz des Abstands fast in ihr zu sein scheint und sie lenkt und leitet. Am tiefsten empfindet sie die Verbindung über den Blick, es ist reine Bindung, Fürsorge und Bestätigung in erregendster Form.

Nach dieser Erkundung kann Carla ein Stück mehr einfühlen, warum dieses Verhältnis sie so angezogen hat, auch wenn es in Wirklichkeit diese Bedürfnisse nur zu Anfang und dann in immer begrenzterem Umfang befriedigte. Sie kann sich selbst an diesem Punkt besser verstehen und stehen lassen. Beide entwickeln wir auf der Basis auch mehr Verständnis dafür, weshalb sie sich mit dem Loslassen so schwertut, dass sie sogar immer wieder gegen seinen merklichen Widerstand Kontakt mit ihm aufnimmt.

Re-Kontextualisierung: Mit Blick auf sich selbst spürt Carla am Ende des Gesprächs, wie diese Affäre sie aus dem kargen Nichts der Überbelastung und des biografischen Mangels bezüglich der genannten Bedürfnisse fast messianisch herausgeholt hat. Sie begegnet sich freundlicher und spürt deutlicher, dass sie sich aus den Schatten dieser Liaison hinausbewegen will. Die Vorstellung, sich selbst mehr von dem zu geben, was sie an den »Begleiter« delegiert hat, ist für sie noch ganz zart. Ich bin gespannt, auf welchem Weg Carla ihren eigenen Zugang zu ihren Bedürfnissen weiter finden wird.

3.7   Würdigung und Selbstintegration

Wie geht es weiter, wenn ein erotisches Kernthema sich abzeichnet? In der Kontextualisierung wie auch im Herausarbeiten des erotischen Kernthemas ist bereits der Weg geebnet, zu würdigen und anzuerkennen, was die Fantasie mit der Person zu tun hat. Welche berechtigten Bedürfnisse drücken sich darin aus? Das kann beispielsweise wichtig sein, wenn eine Fantasie wiederkehrt, obwohl die Person versucht hat, sie zu unterdrücken – was meistens sowieso nicht klappt.

Herberts Bekennerbrief zu gelegentlichen Männerfantasien (vgl. Abschnitt 3.4, S. 59 f.) integrierte seine sexuelle Neigung in die Person und die Paarbeziehung. Er konnte nun umfassender er selbst sein, ohne die Beziehung aufs Spiel zu setzen. Mehr brauchte es zu jenem Zeitpunkt nicht.

Bewegungen in Richtung mehr Ich-Syntonie entstehen aus dem Prozess heraus. Fantasien können in Wünsche übersetzt werden, Wünsche in Verhaltensintentionen, Fixierungen können sich in Richtung mehr Flexibilität bewegen – auf allen Fantasiedimensionen entstehen Bewegungen.

3.8 Destruktive Fantasien loslassen

Bei aversiv erlebten, aber erregenden Fantasien besteht häufiger der Konflikt, dass die »unerwünschte« Fantasie in der Geschichte der Person eine wichtige Rolle für die Erregung und die Orgasmusfähigkeit spielt und das ganze Geschehen ohne sie erst einmal erregungsarm, eventuell sogar emotional verunsichernd sein kann. Daher braucht es zu einem bestimmten Punkt der Therapie eine bewusste Entscheidung dafür, der Fantasie »zu Leibe« zu rücken. Dies muss nicht in radikaler Form geschehen, aber es geht doch um einen Entwicklungsübergang (s. Schwellenmodell, S. 55 ff.), der mit Loslassen und Verlust zu tun hat, ehe etwas Neues entstehen kann. Ein Ja dazu kann der Klient nur selbst entwickeln, was oft in mehreren Runden geschieht.

Hier liegt ein weiterer Konflikt zwischen Anita und Bernd, der sich an Bernds Pornografiekonsum entzündet hat. Sie vermutet, dass er Stunden täglich vor dem Computer verbringt und davon viel mit Pornos. Sie selbst tigert dann im Haus herum und erträgt es kaum. Bernd beteuert, das habe mit ihr nichts zu tun, er wolle im echten Leben nur mit ihr zusammen sein, es sei einfach ein Teil seiner Sexualität, der sich in seinem Kopf abspiele. Auf die Frage hin, wann er besonders intensiv in Fantasie- und Pornowelt zugange sei, bestätigen beide, dass es in Phasen der Verunsicherung oder Irritation häufiger dazu komme. Rückzug in Kombination mit scheinbarer kognitiver

Kontrolle (d. h. strategische Problemlösungsversuche in gedanklichen Szenarien) war stets die bevorzugte Konflikt- und Überlebensstrategie dieses Mannes gewesen. Trotz einer nun vertrauensvolleren Beziehung entsteht in ihm immer wieder die gefühlte Notwendigkeit, Dinge allein in seinem Kopf zu lösen. Und für die unlösbaren Dinge war die sexuelle Fantasiewelt ein besonderer, verquickter und vertrackter Trost. Was Anita besonders störte, sieht er sich nämlich am liebsten an: Gewaltpornos und Pornos, bei denen ein Mann gedemütigt wird durch das Fremdgehen der Ehefrau vor seinen Augen.

Der Kontext dazu ist leicht installiert, das Thema zieht sich wie ein roter Faden durch Bernds Leben: In der Schule wurde er von anderen Jungen gejagt. Vom Vater gedemütigt und bisweilen bedroht. Seine erste Freundin trennte sich überraschend von ihm in einer öffentlichen Inszenierung: Sie ging im Jugendklub vor den Augen aller zu ihrem neuen Freund hinüber und küsste diesen auf den Mund, Bernd stand bloßgestellt da. Während der unglücklichen Ehe lebte Bernd in einem Kopfkino aus Misstrauen und war der Überzeugung, seine Frau wolle und habe sicher andere Liebhaber, bloß nicht ihn. Nun, da er und seine Frau sich nähergekommen sind und ihr Fundament neu festigen, ist er zwar ab und zu noch eifersüchtig und fühlt sich zurückgesetzt, aber in weitaus geringerem Ausmaß. Trotzdem bleibt sein Selbstwertgefühl an dieser Stelle fragil, und die Identität des Gedemütigten ist leidvoll, aber vertraut. Die Leitfrage ist jetzt: An welcher Entwicklungsschwelle stehen Bernd und das Paar?

Es dauert eine Weile, ehe er seine Frau hinsichtlich ihrer Einstellung zur Pornografie nicht mehr nur als begrenzt und intolerant begreift. Seine Sichtweise verändert sich über die Kontextualisierung seines Verhaltens bzw. die Erkenntnis, dass seine Präferenzen doch nicht losgelöst von ihrem Miteinander zu sehen sind. Er begreift, dass zur Paarentwicklung gehört: »Statt mich in mein eigenes Reich des masochistischen Leidens und der Kontrolle über mein Leben in meinem Kopf zurückzuziehen, brauchen meine Frau und ich, dass ich im Kontakt bleibe.« Und da helfen die Pornos nicht, sie sind hier Teil eines bisherigen destruktiven Lösungsversuches.

Therapeutisch interessant war für mich in diesem Fall, dass ich mich zunächst bei einem Pro-Porno-Bias erwischte: Ich hielt mein Vorgehen für neutral, indem ich dafür warb, die Funktion dieser Pornos genauer zu verstehen, und überhaupt nicht dafür eintrat, dass er es lassen sollte. Damit unterstützte ich indirekt die Position der Frau weitaus weniger und ließ eine in diesem speziellen Kontext möglicherweise wichtige Entwicklungschance außer Acht. Erst als ich den Kontext stärker in Betracht zog, kam ich zu einer anderen Position und konnte Bernd – nicht aus moralischen Gründen, sondern mit Blick auf die Frage:»Was heißt hier Entwicklung?« – für ein Veränderungsprojekt gewinnen. In seinem Fall hieß dies: den Pornokonsum stark zu reduzieren und dafür bei geringsten Anzeichen für eheliche Unstimmigkeiten oder inneren Anzeichen der Verletzlichkeit Signale auszusenden und eine Aussprache anzustreben. Das war für diesen Mann alles andere als leicht. Es lief seiner gesamten jahrzehntelangen Identitätsstabilisierung entgegen. Durch die bewusste erotisierte Re-Inszenierung seiner Kernkonflikte hatte Bernd in seiner Fantasie erregende Kontrolle über ein Ohnmachtsszenario erlangt, fatalerweise aber das sexuelle und emotionale Skript des Gedemütigten immer weiter durch Erregung verstärkt. Ein Lösungsversuch, der nun, angesichts der neu erblühten und mit Liebe neu gestifteten Beziehung mit seiner Frau, sukzessive losgelassen werden könnte. Dieses Projekt läuft noch und braucht seine Zeit. Es geht um riesige Veränderungen, nämlich: sich zuzugestehen, ein anderer, wirklich liebens- und begehrenswerter Mann zu sein.

Die Kombination aus Stimuluskontrolle und anderen Strategien der Emotions- und Bedürfnisregulation ergibt bei vielen Konflikten der

Kategorien, »die falschen« und »zu viele« Fantasien zu haben, Sinn. Beides kann körperlich unterstützt werden, z. B. durch Focusing, d. h. die Lenkung der Aufmerksamkeit auf inneres Erleben und allmähliches Spüren und Klären von Bedürfnissen. In Situationen, in denen der Drang, zu fantasieren oder Pornos zu schauen, stark wird, aber unterbrochen werden will, kann es nützlich sein, körperliche und emotionale Anspannung durch kraftvolle Körperbewegungen in Fluss zu bringen, z. B. durch kraftvolles Treppensteigen, Hüpfen, Seufzen, Stampfen. Das verschafft dem Organismus zumindest ein Zeitfenster und stellt eine erste Musterunterbrechung dar.

Pornografie kann man rein physisch meiden, intrusive Fantasien beim Sex lassen sich (noch) weniger leicht auf Abstand bringen. Wenn sie mit einem Trauma in Verbindung stehen, sind Ideen und Techniken aus traumatherapeutischen Verfahren hilfreich (vgl. Büttner, 2018).

Elina hat in Kindheit und Jugend eine Reihe sexueller Übergriffe erlebt. Sie ist im Grunde glücklich mit Patrick verheiratet, nur beim Sex funkt ihr ihre Vergangenheit tüchtig dazwischen in Form von intrusiven Erinnerungsbildern an Übergriffe, die teils ekelerregend und ängstigend für sie sind. In einer Paarsitzung erkunden wir minutiös, wann die intrusive Fantasie auftaucht, was genau sie dann körperlich erlebt, was Patrick auffallt, wo ihre Aufmerksamkeit dann ist, was dem vorausgeht, wann Ausnahmen bestehen, was sie bislang in der Folge getan haben. Anhand der gewonnenen feinen Unterscheidungen leiten wir passend potenziell hilfreiche Strategien ab, die im ersten Schritt das unangenehme Erleben unterbrechen können.

Die Grundidee: Es braucht ein ganzes Konzert von Strategien, weil in der Situation nicht jede gleich oder immer funktionieren wird.

Flexibilität ist gefragt. Prinzipiell können die folgenden Strategien nützlich sein:

– Eine *Unterbrechung der Situation* ist oft hilfreich. Es sollte besprochen werden, was es dann braucht, um später wieder zusammenzukommen, weil Paare daran am häufigsten scheitern. Die Unterbrechung wird reframed als notwendige Pause, als ein Innehalten, um spüren zu können, was es braucht, um später wieder den Faden aufzunehmen, falls dies möglich wird.

– *Mentalen Abstand zur Fantasie gewinnen:* Bei vorausgehender Übung in der Therapie können in der belastenden Situation Distanzierungstechniken angewendet werden, wie sie traumatherapeutische Verfahren kennen, z. B. die Fantasie in der Vorstellung auf einem Bildschirm spielen lassen und mit einer imaginären Fernbedienung Lautstärke, Ton, Größe der Projektion regeln sowie bei Bedarf Standbilder, Zeitlupe oder Zeitraffer einstellen. Das ist während der sexuellen Begegnung anspruchsvoll. Auch Gedankenstopp-Techniken bedürfen der Übung, können aber Kontrolle zurückbringen.

– Es kann geübt werden, *den Aufmerksamkeitsfokus ins Hier und Jetzt* und auf ganz bestimmte, positiv besetzte und genügend starke Reize zu lenken (vgl. im Folgenden).

– *Störprozesse vom Körper her auflösen:* Meist gehen aversive Gedanken mit Muskelspannung und körperlichem Stresserleben einher.

Patrick beschreibt, wie angespannt er seine Frau im kritischen Moment erlebt.

Es ist wichtig, dies zunächst wahrzunehmen, d. h. die Aufmerksamkeit auf das Körpererleben zu lenken. Alle Körperpartien, die als starr erlebt werden, können dann bewusst in Bewegung gebracht werden, sodass das körperliche Korrelat des destruktiven Gedankens diesen nicht länger begünstigen kann.

Versuchen Sie probehalber einmal, an etwas ganz Wichtiges oder Problematisches zu denken, das Sie beschäftigt und unbedingt im Fokus ihrer Aufmerksamkeit bleiben soll (als Simulation eines Störprozesses, wie er während der Sexualität auftreten kann). Denken Sie unablässig daran … und jetzt beginnen Sie damit, Ihren Kopf sanft hin und her rollen zu lassen, über längere Zeit. Wie klar können Sie nach einer Weile noch bei Ihrem Gedanken bleiben?

3.9 Neues gestalten

Wenn ein erotisches Kernthema gefasst und integriert ist, kann in der Anerkennung bereits die entscheidende Entwicklung vollzogen sein. Je nach Anliegen und Kontext kann aber auch weiterer Entwicklungsbedarf bestehen. Dies gilt insbesondere dann, wenn destruktive Fantasien losgelassen werden wollen. Was kommt danach? In der Logik des Schwellenmodells geht es um die Frage, was in der Schwellenphase – das Alte gilt nicht mehr, das Neue ist noch nicht – entsteht, und wie welche neue stabile Struktur entstehen wird. Dies ist oft nicht als linearer Prozess zu begreifen und kann zeitlich wenige Sitzungen oder aber Jahre dauern.

Wünsche aus Fantasien destillieren

Wenn die Person mit dem Bedürfnisgehalt ihrer Fantasie im Kontakt ist, können neue Bewegungen auf dem Fantasie-Wunsch-Kontinuum entstehen: Aus der Fantasie kann ein konkreter sexueller Wunsch oder aber ein Wunsch auf ganz anderer Ebene destilliert werden.

Anita, die zunächst überzeugt gewesen war, keine Fantasien zu hegen, überzeugte sich eines Besseren. Dann entwertete sie aber erst einmal ihre »Blümchen-Fantasien«, die aus einem feinen Stoff romantischer und sinnlich-langsamer Zutaten und insbesondere einer Interaktion auf Augenhöhe bestanden, als langweilig. Für Bernd klang diese Art Sex auch eher lauwarm, und als Anita zu sagen wagt, dass der Orgasmus auch gar nicht so im Vordergrund stehe, rechne ich mit Bernds Verunsicherung. Als ich die Idee, dass das langweilig oder lauwarm sei, sanft hinterfrage, erlaubt Anita sich eine Lesart, in der frustrierte Bedürfnisse auf der Beziehungsebene in der Fantasie zur Entfaltung kommen: Respekt und eine Herzensverbindung, die gestattet, sich einander ganz zu zeigen, ohne dass der andere feindselig wird. Das ist nicht irgendetwas, sondern einzigartiger Balsam für die wirklich tiefen Wunden einer langen Ehe. Die Frau, die zunächst dachte, sie habe sexuell nichts anzubieten, bemerkt jetzt, dass sie sehr wohl ganz bestimmte erotische Bedürfnisse hat, deren Beachtung für sie die Kernvoraussetzung für Begehren ist.

Selbstbekenntnis: Dem Partner anders gegenübertreten

Es ist einfach gesagt, nicht immer aber leicht getan: Erst wahr- und ernstgenommene Bedürfnisse können ausgedrückt und damit wirksam werden.

Als Anita ihre sexuellen Bedürfnisse ernst genommen hat, kann sie ihrem Mann sagen: »Ich will den sanften Sex nicht, weil deine Erektion jetzt im Alter nicht mehr so da ist und ich einen Ausweg suche, sondern weil ich genau so und nicht anders endlich, endlich mit dir zusammen sein will. Weil ich mich dann emotional sicher bei dir fühle. Das brauche ich ziemlich stark, um mich wohlzufühlen und in den Lustgenuss zu kommen.« Das kommt an aufseiten ihres vornehmlich um seine erektile Performanz besorgten Ehemanns Bernd. Er erlaubt sich, dieses Motiv anzuerkennen, und fühlt sich dadurch weniger de-potenziert.

Umgestalten des Kontextes und der sexuellen Situation

Das Umgestalten der sexuellen Situation beginnt mit der Umgestaltung des Kontextes und der Zeit davor. Dies betrifft den dranghaft Pornografie Konsumierenden ebenso wie die Person mit unerwünschten Fantasien beim Sex und die Person, die Fantasien entstehen lassen möchte. Es klingt lapidar, ist aber nicht einfach und zugleich unerlässlich. Oft sind ein unangenehmes Stresslevel, Ängste oder dysphorischer Affekt bereits zur gewohnten Baseline geworden und nicht bewusst. Je nach Fall kommen unterschiedliche der folgenden Fragen zum Tragen:

- Wie ist das generelle Stresslevel und der Ruhebedarf?
- Mit welchen unangenehmen Emotionen hat die Person häufiger zu tun?
- Was geht dem dranghaften sexuellen Fantasieren oder Verhalten oder der sexuellen Situation, in der unerwünschte Fantasien auftauchen, direkt voraus?
- In welcher Umgebung treten sie unwahrscheinlicher auf?

Elina weiß es vom Kopf her: Sie lebt ein volles Leben, und in letzter Zeit gab es viele andere Belastungsfaktoren. In unserem Gespräch wird es ihr emotional bewusster, und sie spürt, dass es eventuell einen Preis kosten wird, mehr Ruhe und Entspannung zu fördern. Als wir noch länger miteinander sprechen, wird zudem deutlich, dass es in ihr eine Stimme gibt, die sagt: »Hab' dich nicht so, so stressig ist das nicht, du bist einfach nur zu empfindlich!« Sie erkennt, dass sie sich selbst ähnlich beschwichtigt, wie es Bezugspersonen nach den Übergriffen taten: So schlimm ist das doch nicht. Sie nimmt die Frage mit, ob sie bereit sein könnte, sich selbst hier feiner zu beobachten und ernst zu nehmen.

Wieder ist eine feinere Exploration durch die Therapeutin ein schlichtes, aber notwendiges Mittel, damit Klienten den blinden Fleck, der zeitlich vor der manifest aversiven Situation liegt, zu fassen bekommen.

Es gibt drei Ebenen, auf denen ungute Situationen verändert werden können:

- Über den Körper,
- die Lenkung der Aufmerksamkeit in der Situation
- und das Umschreiben von Fantasien.

Wir überlegen, was für Elina auf die genannten Distanzierungsbewegungen folgen kann, damit das körperliche Zusammensein weitergehen darf mit der Idee, dass die beiden es mehr genießen können. Mir ist wichtig, dies nicht vorzugeben, sondern einzuladen, genau selbst hinzuspüren, weil dies in der sexuellen Situation das Allerwichtigste sein wird. Elina und Patrick entwickeln Ideen, die nicht nur ihnen helfen könnten, sondern die sich auch bei anderen bewährt haben.

Eine davon ist, die Aufmerksamkeit im kritischen Moment und nach dem Stoppen über Pause, Gedanken, Körperbewegungen umzufokussieren auf hilfreiche Aspekte: Musik, die Augen des Partners, den eigenen Atem, den eigenen Körper – für jede Person kann anderes hilfreich sein, manche dissoziieren erst recht, wenn sie sich auf ihren eigenen Körper konzentrieren, anderen hilft es. Eigene Geräusche zu machen oder miteinander zu sprechen hilft ebenfalls dabei, nicht nur den Bann der Fantasie zu brechen, sondern auch den Kontakt zum Hier und Jetzt (Schall im Raum) und vor allem zum Partner herzustellen. Innerhalb der Wohnung können andere Orte für den

Sex ausgesucht werden, die weniger mit Triggern (z. B. auch vergangenen Fehlversuchen) verknüpft sind.

Verlangsamung der Stimulation

Um sich weniger überrumpelt zu fühlen und den Fokus der Aufmerksamkeit besser in die Gegenwart bringen zu können, hilft vielen eine verlangsamte Stimulation und der Wechsel zu Berührungen, in denen die Person, die unangenehme Fantasien hat, aktiv ist, d. h. sich bewegt, aktiv berührt, auf dem Partner oder mit ihm im Stehen. Manchmal kann es sehr gut sein, wenn die betreffende Person sich erlaubt, die Hand des Partners über den eigenen Körper zu führen, sich also aktiv etwas von diesem zu nehmen. Das ist nicht immer leicht, kann aber sehr berührend sein, weil diese Selbsterlaubnis eine Anti-Grenzüberschreitung darstellt und die Person in der Beziehung für sich sorgt.

Umschreiben von Fantasien

Die Person kann das Fantasiematerial selbst umgestalten, erweitern, intensivieren, passender machen – wenn sie bereit dazu ist, die möglicherweise stark erotisierende Kraft ein Stück gehen zu lassen. Oft wählen Klienten von sich aus sanfte Wege: Sie experimentieren mit dem Weglassen des aversivsten Aspekts und fügen etwas Neues hinzu.

Im Fall von Bernd und Anita nutzt das Paar die von Bernd im »echten Leben« und im Albtraum befürchtete, in Tagträumen und Pornos erotisierte Schlüsselszene, in der seine Frau mit einem Konkurrenten Sex hat, um am für Bernd intensivsten Spannungsmoment eine andere Wendung zu nehmen. Es ist der Moment, in dem seine Frau in der Fantasie die Genitalien des anderen Mannes berührt. Ich frage: »Wie müsste die Situation hier anders gedacht werden, damit Sie nicht länger der Gedemütigte sind?« Bernd sagt zu seiner Frau: »Du müsstest zu mir hersehen und dann zu mir herüberkommen, und dann gehen wir beide aus der Situation hinaus und haben Sex miteinander.« Anita protestiert: »Nein, mein Lieber! Du bist derjenige, der zu mir gehen soll und sagen soll: ›Ich bin dein Mann. Komm.‹« Das ist für Bernd zunächst ein Schritt zu viel, obwohl er die Botschaft wohl verstanden hat. Er lässt in der Folge die alten Anturner nicht weg, aber er begibt sich immer häufiger in das alternative Szenario und merkt: Einhergehend mit gelegentlichen sehr liebevollen sexuellen Begegnungen mit seiner Frau »im echten Leben« beginnt ihn der neue Plot ganz allmählich auch zu erregen. Die Macht der Vergangenheit wird vermutlich weiterhin bleiben, aber seine Spielräume, und damit die dieses langjährigen Paares, erweitern sich mehr und mehr.

Der Fall von Anita und Bernd zeigt exemplarisch, wie stark Fantasien (erotische Kernthemen) und reales Leben verwoben sein können.

3.10 Therapeutische Schritte im Überblick

Abschließend werden mithilfe des Schwellenmodells im Überblick
die wichtigsten Prozessschritte bei »zu wenig« (Abbildung 3), »zu
vielen oder den falschen« Fantasien (Abbildung 4) dargestellt:

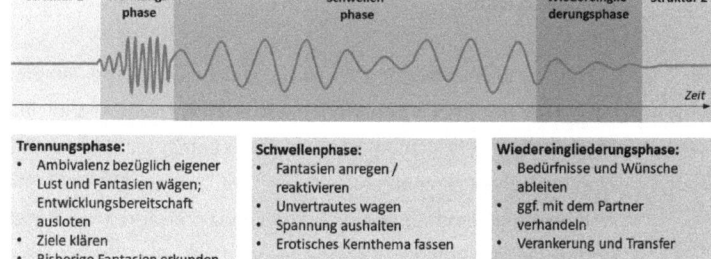

Abbildung 3: Therapie als Phasenübergang bei Problembeschribung
»zu wenig Fantasien«

Abbildung 4: Therapie als Phasenübergang bei Problemzuschreibung:
»zu viele oder die falschen Fantasien«

4 Eine fantastische Therapiesitzung mit Rita

Um die Vielfalt möglicher therapeutischer Pfade zu unterstreichen, berichte ich abschließend von einer Therapiesequenz mit einer Klientin, die einen Kontrollverlust bezüglich einer Fantasie dahingehend befürchtet, dass sie sie umsetzen wird und negative Folgen zu befürchten hat.

»Ich werde in zwei Wochen heiraten und habe Angst, meinen Bräutigam kurz zuvor noch zu betrügen.« So eröffnet meine Klientin Rita, 27 Jahre alt, unsere Sitzung. Wir kennen uns bereits seit längerer Zeit. Rita stammt aus einer amerikanischen Großstadt und ist viel in der Welt herumgekommen, ehe sie sich vor etwa drei Jahren in Deutschland niederließ. Anlass dafür war eine neue Liebesbeziehung. Diese markierte nicht nur ein Sesshaftwerden im geografischen, sondern auch im sexuellen Sinn. Rita hatte zuvor unzählige Sexualpartner gehabt. Ihr Freund bestand auf einer monogamen Beziehung, was sie bejahte, obwohl es Neuland für sie bedeutete. Als die junge Frau erstmals zu mir kam, hatte sie mit dem neuen Lebensmodell große Mühe. Das Leben in der deutschen Provinz bekam ihr nicht. Sie liebte den Mann, erlebte sich aber rastlos und von Fantasien sexueller Promiskuität nahezu besessen, sodass sie tatsächlich befürchtete, sie könne eines Tages wieder davonlaufen.

Das ist heute Vergangenheit: Sie lebt gerne hier, reist dennoch viel und hat mit ihrem Geliebten bereits eine Familie gegründet. Sie haben immer noch häufigen und intensiven Sex miteinander. Nun steht sie kurz vor der Hochzeit und ist in Aufruhr. Warum? Wie kommt sie darauf, jetzt plötzlich fremdgehen zu wollen – oder gar zu müssen? Sie erzählt mir von einem Bekannten, den sie schon lange sexuell attraktiv finde. Bislang seien die Grenzen der Freundschaft nie überschritten worden. In letzter Zeit hätten sie aber viel gechattet, und das habe sie dermaßen erregt, dass daraus ein digitaler sexueller Austausch geworden sei. Ihr Zukünftiger war davon getroffen und machte deutlich, er wolle nicht, dass mehr daraus werde. Genau dies falle ihr schwer, denn der Bekannte berichte von einer Art Sexualität, die sie über die Maßen reize: Er habe einen Job mit viel Kundenkontakt und verführe regelmäßig frech seine Kundinnen zu Sex in seinem Büro. Sie würde zu gern eine solche Kundin spielen und sich ihm aussetzen. Ihren Freund heimlich zu betrügen, kommt für sie nicht infrage, sie sind so intim miteinander, dass sie einen solchen Ausflug nicht verbergen könnte oder wollte. Der Reiz scheint aber so stark zu sein, dass sie fürchtet, sich nicht zurückhalten zu können. Ein Dilemma. Sie wirkt sichtlich gestresst.

Mich interessiert, welche wichtige Funktion dieses Verlangen in diesem Moment ihres Lebens erfüllen könnte. Wozu kommt es jetzt gerade zum Vorschein? Damit verlasse ich zunächst den präsentierten Konflikt »Tun oder Nichttun?« oder die Frage der Kontrolle. Ich erinnere sie an die dranghaften Fantasien ihrer Anfangszeit in Deutschland. Diese repräsentierten, so hatten wir vermutet, eine Seite in ihr, die für sie einmal überlebenswichtig gewesen war: den rebellischen Auszug aus einem für sie unaushaltbaren Zuhause und die ultimative Bestätigung durch viele Sexpartner. Wo andere Sicherheit im Stetigen fanden, hatte sie sich nur in der weiten Welt stabil gefühlt. In der ersten Zeit in Deutschland hatten wir auf diese Deutung hin die Idee entwickelt, dass sie ein »regionales Nomadinnenleben« führen konnte. Sie fuhr mit dem Rad kreuz und quer durch die Gegend und übernachtete per Couchsurfing bei fremden Leuten (ohne erotischen Kontakt), um zu spüren, dass sie überall frei sein konnte. Meine Hypothese: Angesichts der bevorstehenden Eheschließung könnte der alte Konflikt wieder aufgebrochen sein. Dem stimmt sie zu. Sie sieht die Parallele, ist aber nicht vollständig beruhigt, denn die Fantasie erscheint ihr immer noch mächtig und gefährlich.

Ich schlage ihr vor, dass wir uns das Szenario, das sie so in Bann zieht, einmal näher anschauen, um herauszufinden, was genau sie am Sex mit diesem Mann so reizt. Ich bitte sie, mir die sie tyrannisierende Szene von Anfang an detailliert zu erzählen, sich dabei allerdings vorzustellen, sie hätte sich entschieden, es wirklich zu tun.

Sie betritt das Bürogebäude. Sie weiß, er ist im vierten Stock. Ich frage nach Details der Szene und wie sie sich fühlt, wodurch die Spannung steigt. Sie sagt, wichtig sei für sie, sich im Vorhinein vorzustellen, wie er ganz in seinem »schmutzigen« Element sei, wie er bedenkenlos seinem Begehren folge und wie selbstbewusst er vorgehe im Wissen, dass ihm keine Frau widerstehen könne. In dieser Vorspannung erreicht sie den Flur, auf dem sich sein Büro befindet.

Das Spannungsmoment einer Fantasie ist nicht objektiv ersichtlich, entscheidend ist, was die Person selbst als erotisch bedeutsam erlebt. Ich frage Rita also, was für sie den spannungsvollsten Punkt dieser Begegnung ausmacht. Sie antwortet: »Es ist der Augenblick, in dem ich die Tür zu seinem Büro öffne und ihn dort sehe in seiner Rolle als Verführer, dominant und kraftvoll.« – Plötzlich stockt sie und blickt irritiert drein. Jetzt bin ich diejenige, die gespannt ist. Ich frage nach, was los sei. Sie murmelt: »Mir ist gerade klar geworden, dass es sich wohl um eine reine Fantasie handelt. Ich muss und werde nicht mit ihm schlafen.« – »Wieso?«, frage ich verblüfft. Sie erklärt mir, dass sie gerade gemerkt habe: Was sie in der Fantasie am meisten errege, Dominanz und Selbstbewusstsein, sei vom realen Bekannten nicht wirklich zu bekommen. Er sei von seinem Wesen her viel weicher und verhalte sich ihr gegenüber auch eher zurückhaltend. Und das sei nicht, was sie im Kern wolle. Im ganz genauen Durchgehen der gewünschten Begegnung zeigte sich für sie somit glasklar der Unterschied zwischen Fantasie und Intention. Sie verlässt unsere Sitzung mit großer Erleichterung. Diese erfasst in der Folge nachvollziehbarerweise auch ihren Bräutigam. Für die

Zukunft nimmt sie allerdings das Bedürfnis mit, dass ihr Mann beim Sex auch dominanter auftreten möge. Sie merkt, dass sie bis auf Weiteres monogam leben können wird. Zugleich ermutigt sie ihn, neue sexuelle Erfahrungen mit anderen Frauen zu machen, was er zunächst ablehnt, dann aber annimmt. So haben die beiden einen ganz eigenen Weg gefunden, sich erotisch zu erneuern.

Am Ende

Literatur

Ahlers, C. J., Schaefer, G. A. (2010). Pädophilie, Pädosexualität und sexueller Kindesmissbrauch: Über die Notwendigkeit einer differenzierten Betrachtung. Forum Sexualaufklärung und Familienplanung der Bundeszentrale für gesundheitliche Aufklärung, BzgA-Forum 3-2010. Köln: BZGA.

Ahlers, C. J., Schaefer, G. A., Mundt, I. A., Roll, S., Englert, H., Willich, S., Beier, K. M. (2011). How unusual are the contents of paraphilias? Paraphilia-associated sexual arousal patterns in a community-based sample of men. Journal of Sexual Medicine, 8, 1362–1370.

American Psychiatric Association (2013). Diagnostic and statistical manual of mental disorders (DSM-5). Washington, DC: American Psychiatric Association.

Beier, K. M., Bosinski, H. A. G., Loewit, K. K. (2005). Sexualmedizin (2. Aufl.). Jena: Urban & Fischer.

Bischof, K. (2018). Lust auf Sex durch Lust am Sex – das Begehren und die Neurophysiologie der Erregung. In A. Eck (Hrsg.), Der erotische Raum. Fragen der weiblichen Sexualität in der Therapie (S. 183–198). Heidelberg: Carl-Auer.

Büttner, M. (2018). Sexualität und Trauma. Grundlagen und Therapie traumaassoziierter sexueller Störungen. Stuttgart: Schattauer.

Clement, U. (1993). Zum Verhältnis von Sexualwissenschaft und Psychoanalyse. Zeitschrift für Psychosomatische Medizin und Psychoanalyse, 39 (1), 63–74.

Clement, U. (2004). Systemische Sexualtherapie. Stuttgart: Klett-Cotta.

Critelli, J. W., Bivona, J. M. (2008). Women's erotic rape fantasies: An evaluation of theory and research. Journal of Sex Research, 45, 57–70.

Eck, A. (2014). Der erotische Raum: Weibliches Begehren in der systemischen Sexualtherapie. Zeitschrift für Sexualforschung, 27, 258–277.

Eck, A. (Hrsg.) (2018). Der erotische Raum: Fragen der weiblichen Sexualität in der Therapie (2. Aufl.). Heidelberg: Carl-Auer.

Freud, S. (1912). Beiträge zur Psychologie des Liebeslebens II. Über die allgemeine Erniedrigung des Liebeslebens. In Sigmund Freud: Studienausgabe in 10 Bänden. Band V: Sexualleben (S. 197–209). Frankfurt a. M.: S. Fischer.

Freudenfeld, E. (2018). Raum für die eigene Lust – was Frauen brauchen, damit sie wollen können. In A. Eck (Hrsg.), Der erotische Raum: Fragen der weiblichen Sexualität in der Therapie (S. 72–87). Heidelberg: Carl-Auer.

Gennep, A. van (1960). The rites of passage. London/New York: Routledge.

Jabat, M., Briken, P. (2017). Paraphilie: Variante sexueller Vorlieben oder psychische Störung? Neurotransmitter, 4. https://doi.org/10.1007/s15 016-017-5936-x (Zugriff am 1.11.2019).

Joyal, C. C., Cossette, A., Lapierre, V. (2015). What exactly is an unusual sexual fantasy? Journal of Sexual Medicine, 12 (2), 328–340.

Klein, V., Brunner, F., Nieder, T. O., Reed, G., Briken, P. (2015). Diagnoseleitlinien sexueller Störungen in der International Classification of Diseases and Related Health Problems (ICD)-11-Dokumentation des Revisionsprozesses. Zeitschrift für Sexualforschung, 28 (4), 363–373.

Leitenberg, H., Henning, K. (1995). Sexual fantasy. Psychological Bulletin, 117, 469–496.

Ley, D. J. (2012). The myth of sex addiction. Lanham: Rowman & Littlefield.

Maltz, W., Boss, S. (2008). Private thoughts: Exploring the power of women's sexual fantasies. Charleston: BookSurge.

Melzer, H. (2018). Scharfstellung: Die neue Revolution – Eine Sexualtherapeutin spricht Klartext. Stuttgart: Klett-Cotta.

Money, J. (1986). Lovemaps: Clinical concepts of sexual/erotic health and pathology, paraphilia, and gender transposition of childhood, adolescence, and maturity. New York: Irvington.

Morin, J. (1995). The erotic mind: Unlocking the inner sources of sexual passion and fulfillment. New York: Harper Collins.

Retzer, A. (2007). Passagen: Systemische Erkundungen (2. Aufl.). Stuttgart: Klett-Cotta.

Roth, C. (2018). Sexsucht: Ein Ratgeber für Betroffene und Angehörige (6., aktual. Aufl.). Berlin: Links.

Schmidt, G. (2009). Fantasien der Jungen, Phantasmen der Alten. In M. Dannecker, G. Schmidt, V. Sigusch (Hrsg.), Sex, Lügen und Internet: Sexualwissenschaftliche und psychotherapeutische Perspektiven. Beiträge zur Sexualforschung Band 93 (S. 143–156). Gießen: Psychosozial.

Schnarch, D. (1992). Constructing the sexual crucible. New York: Norton & Co.

Stoller, R. J. (1979). Perversion: Die erotische Form von Haß. Gießen: Psychosozial.

Stoller, R. J. (1985). Observing the erotic imagination. New Haven: Yale University Press.

Storch, M., Cantieni, B., Hüther, G., Tschacher, W. (2017). Embodiment. Die Wechselwirkung von Körper und Psyche verstehen und nutzen (3. Aufl.). Göttingen: Hogrefe.

.

Die Autorin

Dr. sc. hum. Angelika Eck, Psychologin, systemische Therapeutin (SG), systemische Paar- und Sexualtherapeutin, EFT-Therapeutin (ISEFT), klinische Sexologin (1. Durchgang sexocorporeller Ansatz), arbeitet in eigener Praxis in Karlsruhe mit den Schwerpunkten Paartherapie, Sexualtherapie und Supervision. Sie ist Mit

glied in der Systemischen Gesellschaft (SG) und der Deutschen Gesellschaft für Sexualforschung (DGfS). Als systemische Lehrtherapeutin ist sie Mitglied der IGST e. V. und gehört dem erweiterten Lehrtherapeutinnenteam des Helm Stierlin Instituts in Heidelberg an. Zu ihren Fachpublikationen zählt u. a. das Buch »Der erotische Raum –weibliche Sexualität in der Therapie« (2018). Neben Fachartikeln publiziert Angelika Eck in populären Medien regelmäßig zu Themen der Paar- und Sexualtherapie.

LEBEN. LIEBEN. ARBEITEN: SYSTEMISCH BERATEN

Herausgegeben von Jochen Schweitzer und Arist von Schlippe

Petra Rechenberg-Winter
Trauer in Familien – wenn das Leben sich wendet
2017. 80 Seiten, mit 2 Abb., kart.
ISBN 978-3-525-40510-9

Tanja Kuhnert
Leben in Hartz IV – Armut und Menschenwürde
2017. 88 Seiten, mit einer Abb., kart.
ISBN 978-3-525-40508-6

Julika Zwack / Ulrike Bossmann
Wege aus beruflichen Zwickmühlen
Navigieren im Dilemma
2017. 95 Seiten, mit 2 Abb., kart.
ISBN 978-3-525-40507-5

Barbara Ollefs
Die Angst der Eltern vor ihrem Kind
Gewaltloser Widerstand und Elterncoaching
2017. 88 Seiten, mit einer Abb., karr.
ISBN 978-3-525-40509-3

Marion Ludwig
Wohnungslos – Umgang mit Exklusion
2018. 107 Seiten mit 6 Abb., kart.
ISBN 978-3-525-45300-1

Marc Weinhardt
Kompetenzorientiert systemisch beraten lernen
Gebrauchsanweisung für die eigene Professionalisierung
2018. 80 Seiten mit 3 Abb. und 1 Tab., kart.
ISBN 978-3-525-45290-5

Joachim Wenzel
Familien im Medienzeitalter
Digitalisierung in der Beratungspraxis
2018. 85 Seiten mit 3 Abb. und 7 Tab., kart.
ISBN 978-3-525-45256-1

Alle Titel auch als eBook. Leseproben und Infos auf unserer Homepage

Vandenhoeck & Ruprecht Verlage
www.vandenhoeck-ruprecht-verlage.com

LEBEN. LIEBEN. ARBEITEN:
SYSTEMISCH BERATEN
Herausgegeben von Jochen Schweitzer und Arist von Schlippe

Ute Clement
Wandel in Organisationen
Über Roadmaps, Heldenreisen
und Saftpressen
2018. 104 Seiten mit 9 Abb., kart.
ISBN 978-3-525-40657-1

Corina Ahlers
Patchworkfamilien beraten
2018. 87 Seiten mit 2 Abb., kart.
ISBN 978-3-525-40627-4

Christian Hawellek | Ursula Becker
**Menschen mit Demenz
erreichen und unterstützen –
die Marte-Meo-Methode**
2018. 83 Seiten mit 4 Abb., kart.
ISBN 978-3-525-40626-7

Carsten Hennig
Humane Arbeit
Herausforderungen für die
Beratung
2018. 96 Seiten, mit einer Abb., kart.
ISBN 978-3-525-40621-2

Andreas Eickhorst
Frühe Hilfen
Früh im Leben und früh
im Handeln
2019. 88 Seiten, mit 2 Abb. und einer
Tab., kart.
ISBN 978-3-525-40493-5

Andrea Rohrberg |
Dorothea Herrmann
**Hinter den Kulissen – kleiner
Leitfaden für kollektiv geführte
Organisationen**
2019. 94 Seiten mit 4 Abb., kart.
ISBN 978-3-525-40482-9

Christoph Ewen | Carla
Schönfelder | Yvonne Knapstein
**Bürger, Behörden und
Blockaden**
Konflikthafte Entscheidungen
in Planung und Politik im Dialog
begleiten
2019. 83 Seiten, mit 9 Abb. und
2 Tab., kart.
ISBN 978-3-525-40483-6

 Vandenhoeck & Ruprecht Verlage
www.vandenhoeck-ruprecht-verlage.com

LEBEN. LIEBEN. ARBEITEN:
SYSTEMISCH BERATEN

Herausgegeben von Jochen Schweitzer und Arist von Schlippe

Maria Borcsa
Globalisierte Familien
Mobilität und Mediatisierung
im 21. Jahrhundert
2019. 76 Seiten, mit 2 Abb., kart.
ISBN 978-3-525-40481-2

Antoinette Beckert
**Der Balanceakt zwischen Füh-
rung und Selbstorganisation**
Wege der Transformation
2019. 83 Seiten, mit 3 Abb., 1 Tab., kart.
ISBN 978-3-525-40673-1

Mirko Zwack
**Scheitern – oder: mit sich
selbst neu anfangen**
2020. 88 Seiten, mit 7 Abb., kart.
ISBN 978-3-525-40682-3

Jan V. Wirth | Heiko Kleve
**Von der gespaltenen zur
verbundenen Lebensführung**
Systemische Wege für das
alltägliche Leben
2020. 134 Seiten, mit 10 Abb. und
3 Tab., kart.
ISBN 978-3-525-40681-6

Wolfgang Hagemann
**Begegnungsmedizin
– Perspektiven einer
systemischen Psychosomatik**
2020. 84 Seiten, mit einer Abb., kart.
ISBN 978-3-525-40517-8

Benedikt Joos
Hamsterrad Schule
Lösungen im Beratungsdreieck
Eltern – Schüler – Lehrkraft
2020. 86 Seiten, mit 4 Abb., kart.
ISBN 978-3-525-40847-6

Angela Eberding
**Neue Autorität in multikultu-
rellen Erziehungskontexten**
2020. 87 Seiten, kart.
ISBN 978-3-525-40849-0

Günter Engel
**Achtsame Selbstführung und
Führung im Schulsystem**
Herausforderungen –
Zwickmühlen – Lösungen
2020. 93 Seiten, mit 6 Abb., 1 Tab., kart.
ISBN 978-3-525-40850-6

 Vandenhoeck & Ruprecht Verlage
www.vandenhoeck-ruprecht-verlage.com